社会的養護演習

安藤　和彦
石田　慎二
山川　宏和
編

尾﨑　剛志
河野　清志
阪野　学
髙市勢津子
箱田　成司
細井　宏俊
藪　一裕
共著

建帛社
KENPAKUSHA

はしがき

　子どもの権利条約（児童の権利に関する条約）が 1989 年に国連総会で採択されてから 30 年以上が過ぎ，いわゆる「子どもの最善の利益の尊重」をキーワードとして，権利を行使する主体として子どもを捉えることになりました。2016 年には児童福祉法が改正され，児童福祉の理念に「児童の権利に関する条約の精神」という言葉が位置づけられ，すべての子どもは，社会全体で育まれ，この社会で幸せに生活する権利を有することが明記されました。

　しかしながら一方で，その最善の利益が尊重され難い家庭環境や状況にある子どもが少なからず存在しているのも事実です。そうした子どもたちの生活や権利保障するために，社会的養護等の仕組みや実践があり，それを担う重要な人材として「保育士」が位置づけられているのです。

　さて，本書『社会的養護演習』は，保育士を養成する課程における必修科目「社会的養護 II」のテキストです。

　この科目は，厚生労働省の基準によると，①子どもの理解を踏まえた社会的養護の基礎的な内容について具体的に理解する，②施設養護及び家庭養護の実際について理解する，③社会的養護における計画・記録・自己評価の実際について理解する，④社会的養護に関わる相談援助の方法・技術について理解する，⑤社会的養護における子どもの虐待の防止と家庭支援について理解することを目標としています。

　本書は，これらの内容を網羅するだけでなく，より家庭的な環境における養護の推進について，最新の動向を盛り込んでいます。また，各章の演習では具体的な手順まで詳細に解説することにより，社会的養護の内容を体系的かつ具体的に学べる内容となっています。

　なお，「保育」というと，対象として就学前の子どもを中心に考えがちですが，社会的養護においては 18 歳未満，ときには 22 歳までの子どもを利用者として考えなくてはなりません。そうしたことも含めた「保育」の基本について再考する必要があり，保育士養成のあり方や，いわゆる「施設保育士」の養成についても検討するときが来ていると言えます。

　さらに，保育における今日的緊急課題として，人材不足が挙げられており，国は「子育て支援員」制度を導入し，研修修了者が子育て支援員として従事できるようにしました。しかし，人材の量的拡大を急ぐあまり保育の質的保障が置き去りにされてはなりません。すなわち，有資格保育士の存在意義，あるいは専門性が改めて問われているのです。

　本書を通じて，社会的養護の具体的な内容・実践を学ぶだけでなく，このような

社会的課題に対する関心・問題意識について学生が認識し，考えていくきっかけとしていただければと思います。

　本書を出版するにあたり，社会的養護について保育士養成校で教鞭をとり，あるいは研究されている先生方だけでなく，児童福祉施設等の現場に長年携わっている経験豊かな先生方にも原稿をご執筆いただき，知見を拝借致しました。お忙しい中でご協力いただき大変お世話になりました。また建帛社編集部には，企画・編集・進行等において様々なご配慮を賜り，心より御礼申し上げます。

　本書に不備な点等がありましたら，今後改めていきたいと存じますので，ご意見・ご叱正を頂ければ幸いです。

2020年1月

編者を代表して　安藤 和彦

目　　次

第1部

社会的養護の体系と課題，権利擁護，保育士の倫理

　第1部では，子どもの最善の利益のために，社会全体で子どもを育むという社会的養護の基本理念を理解し，権利擁護の必要性や保育士の責務について学ぶことを目的としている。

　社会的養護の課題には，家庭と同様の養育環境として里親委託の推進，良好な家庭環境としての施設の小規模化とともに，専門性を持った職員の配置がある。小規模化によって，個別的かかわりが求められる中で，子どもを直接支援する保育士には他職種と協働する力や高い倫理性が求められる。そこで，子どもの権利条約や子どもの代替的養護に関する指針をとおして，子どもの最善の利益について学ぶ。さらに，社会的養護における保育士の倫理を各種団体による倫理綱領から学び，社会的養護が持つ権利擁護機能について理解する。

　内容に即した三つの演習をとおして，学生一人ひとりが子どもの権利を守る保育士の役割について理解を深めてもらいたい。

序章 社会的養護の機能と枠組み

1. 社会的養護の理念と機能

(1) 社会的養護の基本理念

社会的養護においては，それぞれの施設の養育・支援の内容と運営に関する指針が定められており，社会的養護の基本理念と原理の部分はすべての施設の指針において共通のものが示されている。

社会的養護の基本理念としては，第1に「子どもの最善の利益のために」が掲げられている。社会的養護は，子どもの権利擁護を図るための仕組みであり，「子どもの最善の利益のために」をその基本理念とすることが示されている。

第2に「すべての子どもを社会全体で育む」が掲げられている。社会的養護は，保護者の適切な養育を受けられない子どもを，公的責任で社会的に保護・養育するとともに，養育に困難を抱える家庭への支援を行うものであり，「すべての子どもを社会全体で育む」ことをその基本理念とすることが示されている。

(2) 社会的養護の基本原理

社会的養護の基本原理としては，①家庭的養護と個別化，②発達の保障と自立支援，③回復を目指した支援，④家族との連携協働，⑤継続的支援と連携アプローチ，⑥ライフサイクルを見通した支援，の六つが示されている。

1) 家庭的養護と個別化

すべての子どもは，適切な養育環境で，安心して自分をゆだねられる養育者によって，一人ひとりの個別的な状況が十分に考慮されながら養育されるべきである。一人ひとりの子どもが愛され大切にされていると感じることができ，子どもの育ちが守られ，将来に希望が持てる生活の保障が必要である。

社会的養護を必要とする子どもたちに「あたりまえの生活」を保障していくことが重要であり，できるだけ家庭あるいは家庭的な環境で養育する「家庭的養護*1」と，個々の子どもの育みを丁寧にきめ細かく進めていく「個別化」が必要である。

2) 発達の保障と自立支援

社会的養護は，未来の人生をつくり出す基礎となるよう，子ども期の健全な心身の発達の保障を目指して行われる。特に人生の基礎となる乳幼児期では，愛着関係や基本的な信頼関係の形成が重要である。子どもの健やかな身体的，精神的および社会的発達，さらに自立に向けた生きる力の獲得は，こうした愛着関係や基本的な

*1　家庭的養護
　家庭的養護とは，グループホームや小規模グループケアなど施設において家庭的な養育環境を目指す小規模化の取り組みをいう。一方，「家庭養護」とは里親やファミリーホームなど養育者の家庭において養育を行うことをいう。なお，国が「家庭的養護の推進」というときは，この両者を合わせて推進する意味で用いている。

信頼関係があって可能となる。

　子どもの自立や自己実現を目指して，子どもの主体的な活動を大切にするとともに，さまざまな生活体験などを通して，自立した社会生活に必要な基礎的な力を形成していくことが必要である。

3）回復を目指した支援

　社会的養護を必要とする子どもは，虐待体験や家族等との分離体験[*2]などによって心の傷や深刻な生きづらさを抱えていることも少なくない。したがって，それぞれの子どもに応じた成長や発達を支える支援だけでなく，虐待体験や分離体験などによる悪影響からの癒しや回復を目指した専門的ケアや心理的ケアなどの治療的な支援も必要となる。こうした子どもたちが，安心感を持てる場所で，大切にされる体験を積み重ね，信頼関係や自己肯定感（自尊心）を取り戻していけるようにしていくことが必要である。

*2　分離体験
　保護者による虐待や不適切な養育などにより，安全確保のために家庭から分離される体験。

4）家族との連携協働

　社会的養護は，こうした子どもや親の問題状況の解決や緩和を目指して，それに的確に対応するため，親とともに，親を支えながら，あるいは親に代わって，子どもの発達や養育を保障していく包括的な取り組みである。

5）継続的支援と連携アプローチ

　社会的養護は，その始まりからアフターケアまでの継続した支援と，できる限り特定の養育者による一貫性のある養育が望まれる。そのためには，児童相談所等の行政機関，各種の施設，里親等のさまざまな社会的養護の担い手が，それぞれの専門性を発揮しながら，巧みに連携し合って，一人ひとりの子どもの社会的自立や親子の支援を目指していく社会的養護の連携アプローチが求められる。

　さらに，社会的養護の担い手は，同時に複数で連携して支援に取り組んだり，支援を引き継いだり，あるいは元の支援主体が後々までかかわりを持ったりするなど，それぞれの機能を有効に補い合い，重層的な連携を強化することによって，支援の一貫性・継続性・連続性というトータルなプロセスを確保していくことが求められる。

6）ライフサイクルを見通した支援

　社会的養護の下で育った子どもたちが社会に出てからの暮らしを見通した支援を行うとともに，入所や委託を終えた後も長くかかわりを持ち続け，帰属意識を持つことができる存在になっていくことが重要である。さらに，社会的養護には，育てられる側であった子どもが親となり，今度は子どもを育てる側になっていくという世代をつないで繰り返されていく子育てのサイクルへの支援が求められる。このようなライフサイクルを見通した支援によって，虐待や貧困の世代間連鎖を断ち切っていくことが必要である。

（3）社会的養護の機能

　社会的養護の機能としては，第1に子どもの権利擁護が挙げられる。子どもの権利条約や国連の子どもの代替的養護に関する指針などに基づいて社会的養護を必要とする子どもの権利を保障していくことが求められる。

　第2の機能は，日常生活支援である。施設で生活する子どもたちは，入所前に不適切な養育環境で生活をしてきたために，生活のリズムが確立されていないことが多いため，基本的生活習慣の確立を支援するなど，施設等において子どもの日常生活全般を支援する。

　第3の機能は，治療的支援である。家庭で虐待を受けた子どもの入所が増加してきており，児童養護施設では約6割，乳児院では3割強の子どもが虐待を受けている。また，障害等のある子どもが増加しており，児童養護施設においては約3割の子どもに障害がある状況となっている。このような子どもに対しては，日常生活支援だけでなく，心理治療を含めた個別的な支援が必要となる。また，障害児入所施設でも家庭で虐待を受けた子どもが在籍しているため心理治療などが行われているが，それに加えて障害に対する療育なども行われている。

　第4の機能は，自立支援である。リービングケア，アフターケアを通して子どもが退所した後の自立生活を支援していくことが求められる。リービングケア，アフターケアだけでなく，日常生活支援や学習支援，進路・進学の支援，対人関係にかかわる支援，社会生活にかかわる支援なども自立支援につながっている。

　第5の機能は，家庭支援である。前述の社会的養護の基本原理の一つに「家族との連携協働」が挙げられているように，施設に入所している子どもにとっても家族の存在は重要なものである。家族との面会・外出，一時帰宅，家族再統合に向けた支援など，施設においても常に家族との関係を意識しながら支援していかなければならない。

2. 社会的養護の実施体系

（1）施設養護と家庭養護

*3　施設養護
　乳児院や児童養護施設等の児童福祉施設における養育。

*4　家庭養護
　里親やファミリーホームにおいて家庭的な環境の中での養育。

　社会的養護は，①施設養護*3，②家庭養護*4の二つに大きく分けられる。

　社会的養護の現状（表序-1）をみると，2018年3月末現在，乳児院は全国に140施設あり，現員数は2,706人，児童養護施設は全国に605施設あり，現員数は25,282人となっている。一方，里親委託児童数は5,424人，ファミリーホーム委託児童数は1,434人となっており，日本では施設養護を受けている子どものほうが家庭養護より圧倒的に多くなっている。

　社会的養護は，大規模な施設養護を中心とした形態から，一人ひとりの子どもをきめ細かく育み，親子を総合的に支援していけるような社会的な資源として変革し

表序 -1　社会的養護の現状（里親数，施設数，児童数等）

保護者のない児童，被虐待児など家庭環境上養護を必要とする児童などに対し，公的な責任として，社会的に養護を行う。対象児童は，約4万5千人。

里親	家庭における養育を里親に委託		登録里親数 11,730 世帯	委託里親数 4,245 世帯	委託児童数 5,424 人	ファミリーホーム	養育者の住居において家庭養護を行う（定員5〜6名）	
	区分 （里親は重複 登録有り）	養育里親	9,592 世帯	3,326 世帯	4,134 人		ホーム数	347 か所
		専門里親	702 世帯	196 世帯	221 人			
		養子縁組里親	3,781 世帯	299 世帯	299 人		委託児童数	1,434 人
		親族里親	560 世帯	543 世帯	770 人			

施設	乳児院	児童養護施設	児童心理治療施設	児童自立支援施設	母子生活支援施設	自立援助ホーム
対象児童	乳児（特に必要な場合は，幼児を含む）	保護者のない児童，虐待されている児童その他環境上養護を要する児童（特に必要な場合は，乳児を含む）	家庭環境，学校における交友関係その他の環境上の理由により社会生活への適応が困難となった児童	不良行為をなし，又はなすおそれのある児童及び家庭環境その他の環境上の理由により生活指導等を要する児童	配偶者のない女子又はこれに準ずる事情にある女子及びその者の監護すべき児童	義務教育を終了した児童であって，児童養護施設等を退所した児童等
施設数	140 か所	605 か所	46 か所	58 か所	227 か所	154 か所
定員	3,900 人	32,253 人	1,892 人	3,637 人	4,648 世帯	1,012 人
現員	2,706 人	25,282 人	1,280 人	1,309 人	3,789 世帯 児童 6,346 人	573 人
職員総数	4,921 人	17,883 人	1,309 人	1,838 人	1,994 世帯	687 人

小規模グループケア	1,620 か所
地域小規模児童養護施設	391 か所

※里親数，FHホーム数，委託児童数，乳児院・児童養護施設・児童心理治療施設・母子生活支援施設の施設数・定員・現員は福祉行政報告例（2018年3月末現在）

※児童自立支援施設・自立援助ホームの施設数・定員・現員，小規模グループケア，地域小規模児童養護施設のか所数は家庭福祉課調べ（2017年10月1日現在）

※ 職員数（自立援助ホームを除く）は，社会福祉施設等調査報告（2017年10月1日現在）

※ 自立援助ホームの職員数は家庭福祉調べ（2017年3月1日現在）

※ 児童自立支援施設は，国立2施設を含む

（出典）厚生労働省：社会的養育の推進に向けて，2019年4月

ていくことが求められている。

　したがって，施設養護においても，本体施設内にある小規模グループケアや地域分散型の地域小規模児童養護施設，分園型小規模グループケアなど，家庭に近い環境で生活できるような取り組みが広がってきている。

　さらに，施設は，社会的養護の地域の拠点として，施設から家庭に戻った子どもへの継続的なフォロー，里親支援，社会的養護の下で育った人への自立支援やアフターケア，地域の子育て家庭への支援など，専門的な地域支援の機能を強化し，総合的なソーシャルワーク機能を充実していくことが求められている。

（2）障害児施設の統合

　2010（平成22）年の障害者自立支援法の見直し＊5，および児童福祉法の改正によって，障害児の施設体系の再編が行われた（図序−1）。これにより2012（平成24）年4月から，知的障害児施設，肢体不自由児施設，重症心身障害児施設などの入所による支援を行っていた施設は障害児入所施設に一元化された。また，知的障害児通園施設，肢体不自由児通園施設などの通所による支援を行っていた施設は，児童発達支援を行う児童発達支援センターに一元化された。

　障害児入所施設は，福祉型と医療型に分けられ，福祉型障害児入所施設は，障害児を入所させて，保護，日常生活の指導および独立自活に必要な知識技能の付与を行うことを目的とする施設である。医療型障害児入所施設は，福祉型の機能に加えて治療も行われる。

　児童発達支援センターは，福祉型と医療型に分けられ，福祉型児童発達支援セン

図序−1　障害児施設・事業の一元化

（出典）厚生労働省編：厚生労働白書（平成24年版），2012，資料編 p.225

ターは，障害児を日々保護者の下から通わせて，日常生活における基本的動作の指導，独立自活に必要な知識技能の付与または集団生活への適応のための訓練を提供することを目的とする施設である。医療型児童発達支援センターは，福祉型の機能に加えて治療も行われる。

3. 里親制度の概要

(1) 里親・ファミリーホーム

　里親は，児童福祉法の規定に基づいて要保護児童*6を養育することを希望する者であって，都道府県知事が子どもを委託する者として適当と認めるものをいう。ファミリーホーム（小規模住居型児童養育事業）は，要保護児童の養育に関して相当の経験を有する者の住居において6人程度の要保護児童の養育を行うものをいう。

　里親には，①養育里親，②養子縁組を希望する里親，③親族里親の三つの種類がある（表序-2）。養育里親の中には，虐待等により心身に有害な影響を受けた子どもなど，より専門的な支援を必要とする子どもを養育する専門里親も含まれる。

　なお，里親およびファミリーホームは，委託を受けて子どもを養育するものであり，養子縁組とは異なり，民法上の親子関係を結ぶものではない。

*6　要保護児童
　保護者のない児童又は保護者に監護させることが不適当であると認められる児童（児童福祉法第6条の3）。

表序-2　里親の種類				
種類	養育里親		養子縁組を希望する里親	親族里親
		専門里親		
対象児童	要保護児童	次に揚げる要保護児童のうち，都道府県知事がその養育に関し特に支援が必要と認めたもの 1. 児童虐待等の行為により心身に有害な影響を受けた児童 2. 非行等の問題を有する児童 3. 身体障害，知的障害又は精神障害がある児童	要保護児童	次の要件に該当する要保護児童 1. 当該親族里親に扶養義務のある児童 2. 児童の両親その他当該児童を現に監護する者が死亡，行方不明，拘禁，入院等の状態となったことにより，これらの者により，養育が期待できないこと

（出典）厚生労働省ホームページ

(2) 里親・ファミリーホームへの委託の優先

　里親やファミリーホームに子どもを委託することによって，以下のような効果が期待できることから，国としては施設養護よりも里親・ファミリーホームへの委託を優先して検討することにしている。

① 特定の大人との愛着関係の下で養育されることにより，自己の存在を受け入れられているという安心感の中で，自己肯定感を育むとともに，人との関係において不可欠な，基本的信頼感を獲得することができる。

② 里親家庭において，適切な家庭生活を体験する中で，家族それぞれのライフサイクルにおけるありようを学び，将来，家庭生活を築く上でのモデルとすることが期待できる。

③ 家庭生活の中で人との適切な関係の取り方を学んだり，身近な地域社会の中で，必要な社会性を養うとともに，豊かな生活経験を通じて生活技術を獲得することができる。

表序-3　里親等委託率の推移

・里親制度は，家庭的な環境の下で子どもの愛着関係を形成し，養護を行うことができる制度
・里親等委託率は，平成20年3月末の10.0%から，平成30年3月末には19.7%に上昇

年度	児童養護施設		乳児院		里親等※		合計	
	入所児童数（人）	割合（%）	入所児童数（人）	割合（%）	委託児童数（人）	割合（%）	児童数（人）	割合（%）
平成19年度末	29,823	81.8	2,996	8.2	3,633	10.0	36,452	100
平成20年度末	29,818	81.3	2,995	8.2	3,870	10.5	36,683	100
平成21年度末	29,548	80.8	2,968	8.1	4,055	11.1	36,571	100
平成22年度末	29,114	79.9	2,963	8.1	4,373	12.0	36,450	100
平成23年度末	28,803	78.6	2,890	7.9	4,966	13.5	36,659	100
平成24年度末	28,233	77.2	2,924	8.0	5,407	14.8	36,564	100
平成25年度末	27,465	76.2	2,948	8.2	5,629	15.6	36,042	100
平成26年度末	27,041	75.5	2,876	8.0	5,903	16.5	35,820	100
平成27年度末	26,587	74.5	2,882	8.0	6,234	17.5	35,703	100
平成28年度末	26,449	73.9	2,801	7.8	6,546	18.3	35,796	100
平成29年度末	25,282	73.9	2,706	7.8	6,858	19.7	34,846	100

里親等委託率

※「里親等」は，平成21年度から制度化されたファミリーホーム（養育者の家庭で5〜6人の児童を養育）を含む。ファミリーホームは，平成29年度末で347か所，委託児童1,434人。多くは里親，里親委託児童からの移行。

（資料）福祉行政報告例（各年度末現在）（平成22年度の福島県の数値のみ家庭福祉課調べ）

（出典）厚生労働省：社会的養育の推進に向けて，2019年4月

　里親・ファミリーホームへの委託の優先の方針によって，里親等委託率の推移は，2007（平成19）年度末の10.0％から，2017（平成29）年度末には19.7に上昇しており，ここ十数年で約2倍になっている（表序－3）。

（3）里親及びファミリーホーム養育指針

　里親およびファミリーホームについても，社会的養護の各施設と同様に，養育の内容と運営に関する指針として「里親及びファミリーホーム養育指針」が定められている。

　里親およびファミリーホームが行う養育については，「委託児童の自主性を尊重し，基本的な生活習慣を確立するとともに豊かな人間性及び社会性を養い，かつ，将来自立した生活を営むために必要な知識及び経験を得ることができるように行わなければならない」と規定されている。

第 1 章 社会的養護の課題

1. 社会的養護の共通事項の課題

　今日の社会的養護には，多くの課題があり，核家族化や少子高齢化，子ども虐待や子どもの貧困問題など，枚挙に暇がない。社会的養護の共通事項の課題が，2011（平成23）年，厚生労働省の児童養護施設等の社会的養護の課題に関する検討委員会・社会保障審議会児童部会社会的養護専門委員会がとりまとめた「社会的養護の課題と将来像」の報告書（以下，「課題と将来像」）に示され，子ども家庭福祉に資する社会的養護の取り組みが，各般にわたり推進されてきた。

　「課題と将来像」では，「社会的養護は，できる限り家庭的な養育環境の中で，特定の大人との継続的で安定した愛着関係の下で，行われる必要がある」として，社会的養護の基本的方向性に「家庭的養護の推進」が掲げられ，「原則として家庭的養護*1（里親，ファミリーホーム）を優先するとともに，施設養護（児童養護施設，乳児院等）も，できる限り家庭的養育環境（小規模グループケア*2，地域小規模児童養護施設，小規模グループケア分園型）の形態に変えていく必要がある」と明記された。

　そして，翌年の2012（平成24）年に策定された「施設運営指針」および「里親等養育指針」の社会的養護の原理の冒頭には，「家庭的養護と個別化」が謳われ，「すべての子どもは，適切な養育環境で，安心して自分をゆだねられる養育者によって養育をされるべき」「あたりまえの生活を保障していくことが重要」とされた。そして，そのことを受け，里親の推進はもとより，児童養護施設，乳児院においても「家庭的養護推進計画」が各施設で作成され，2014（平成26）年末当時，代替的養護のうち施設入所が83.5%，里親委託が16.5%であったが，15年後には，施設，グループホーム（地域小規模児童養護施設，小規模グループケア分園型），里親等の割合を等分にすることを目指して，都道府県により「都道府県推進計画」がまとめられ，2015（平成27）年より社会的養護の家庭的養護の推進が図られてきた。

　さらに，2016（平成28）年改正の児童福祉法第3条の2は，「児童を家庭において養育することが困難であり又は適当でない場合にあつては児童が家庭における養育環境と同様の養育環境において継続的に養育されるよう，児童を家庭及び当該養育環境において養育することが適当でない場合にあつては児童ができる限り良好な家庭的環境において養育されるよう，必要な措置を講じなければならない」とし，都道府県の責任および児童相談所が要保護児童の養育環境を決定する際の考え方が明確化された。このような情勢の中で，社会的養護の課題について整理する。

*1　「課題と将来像」の報告書までは，「家庭的養護」と「家庭養護」の言葉の区別が明確でなかったため，里親，ファミリーホームを「家庭的養護」としていたが，指針の作成にあたり用語の整理がなされ，「家庭養護」は里親およびファミリーホーム，「家庭的養護」は，本体施設の小規模グループケアおよびグループホーム（地域小規模児童養護施設，小規模グループケアの分園型）とされた。

*2　**小規模グループケア**
　児童養護施設，乳児院のグループホーム型の生活支援形態。定員はそれぞれ6〜8人，4〜6人である。本体型と地域型がある。

（1）施設運営の質の向上

　施設の運営の質の差が大きいことから，2012（平成24）年，施設運営等の質の向上を図るため各施設種別に運営理念等を示す「施設運営指針」，次いで「手引書（ハンドブック）」が，厚生労働省により作成された。

　また，この指針等をふまえ策定された基準により，各施設に全職員が参加して行う「自己評価」とともに，社会的養護の専門性をふまえた外部の目を入れるための「第三者評価」を3年に1回受審することと，評価結果の公表が義務づけられた。

（2）施設職員の専門性の向上

1）施設長の資格要件および研修の義務化

　2011（平成23）年の民法の改正を受けて，施設長の役割が強化された。何より施設運営の質の向上は，施設長によるところが大きく，専門性の向上を図るため，これまで，児童自立支援施設の施設長以外定められていなかった施設長の資格要件が「児童福祉施設の設備及び運営に関する基準」に定められ，2年に一度指定された研修の受講が義務づけられた。

2）施設の組織力の向上

　「基幹的職員（スーパーバイザー）*3」（一定の勤務経験を有し，厚生労働省の指定する研修を修了した者）の配置により，職員のスーパーバイズ体制を強化し，職員の専門性の向上を図るとともに，チームをまとめる「チーム責任者」を配置し，組織の一体化を図り組織力を高めている。また，それをキャリアアップの仕組みづくりにもつなげ，職員の質の向上を図っている。

> ＊3　基幹的職員（スーパーバイザー）
> 　施設において自立支援計画等の作成および進行管理，職員の指導等を行う職員。

3）職員研修の充実

　社会的養護の質を確保するために，職員の専門性の向上を図り，計画的な育成をするための体制の整備とシステムづくりが求められる。また，人材確保のため就職前の学生に対して，インターンシップ等の取り組みも欠かすことができない。

（3）自立支援の充実

1）自立生活能力を高める養育

　子どもに対し安心できる場所で，大切にされる体験を通して自己肯定感を育み，自分らしく生きる力，他者を尊重し共生していく力，生活スキルや社会的スキルの獲得など，一人の人間として生きていく基本的な力を育む養育を行う必要がある。

2）特別育成費，大学等進学支度費，就職支度費の増額

　子どもの自立に向けて，就職に役立つ資格の取得や，進学希望の場合の塾の利用ができるよう，高校生の特別育成費（高校教育費として毎月支給される費用）の充実や大学等進学支度費，就職支度費が増額された。現在は，中高生の進学に向けた通塾が可能になったが，高卒者の大学等への進学率は，16.1％（2018年5月1日現在，厚生労働省調べ）と全高卒者の52.1％と比較して低くなっている。また，進学した

としても3人に1人が中退しており，給付型の奨学金の創設や生活資金の支援もさ
ることながら，進学後の金銭面だけでない生活面などでの支援が大切である。

3）措置延長や自立援助ホームの活用

高校を卒業後，高等教育への進学など生活が不安定な場合は，18歳以降も20歳
に達するまでの措置延長を活用する。高校に進学しなかったり，高校を中退しても
自立生活能力がないまま退所させないようしなければならない。また，2016（平成
28）年の児童福祉法改正により，自立援助ホームでは大学など就学中の者に限り，
22歳まで在籍できるようになった。同施設は子どもの自立した生活を支援する場
として整備を進め，より活用していくことが求められる。

4）アフターケアの推進

児童福祉法により施設に対して，退所者への相談支援（アフターケア）が規定さ
れているが，人的な配置もなく，相談支援（アフターケア）は進みにくい。自立支
援担当職員の配置により身元保証人確保対策事業*4の活用や奨学金情報など退所
者のニーズに合わせたさまざまな対応が求められる。

> ***4　身元保証人確保
> 対策事業**
> 　児童養護施設などを
> 退所する子どもが就職
> したり，アパート等を
> 賃借したりする際に，
> 施設長などが保証人と
> なる場合の損害保険を
> 補助する事業。

（4）家庭と同様の養育環境における養育の推進

2016（平成28），児童福祉法が改正され，同法第3条の2により社会的養護にお
ける代替的養護は，「家庭における養育環境と同様の養育環境」として，特別養子
縁組をはじめとした里親やファミリーホームによる家庭養護を原則とし，家庭養護
で養育することが適当でない子どもについては，「できる限り良好な家庭的環境」
として，小規模施設（地域小規模児童養護施設，小規模グループケアの分園型）におい
て養護するといった理念が規定された（図1－1）。

これを受けて2017（平成29）年，新たな社会的養育のあり方に関する検討会によ
り法改正の理念を具体化するために「新しい社会的養育ビジョン」（以下，養育ビジョ
ン）がまとめられた。養育ビジョンでは，3歳未満については5年以内に，それ以
外の就学前の子どもについては概ね7年以内に里親委託率75％以上の実現，学童
期以降は概ね10年以内を目途に里親委託率50％以上を実現し，また，施設の滞在
期間は，原則として乳幼児は数か月以内，学童以降は1年以内，特別なケアの必要
な学童以降の子どもであっても3年以内とした。さらに，特別養子縁組については，
概ね5年以内に現状の2倍の年間1,000人以上の成立を目指すとした。

このように，児童福祉法の改正により社会的養護の代替的養護のあり方が法律に
より規定され，養育ビジョンの実現に向けて具体的に工程や目標年限が示され，家
庭養護の推進が図られていくこととなったのである。

1）里親委託の推進の課題

里親委託の推進のために法制度の見直しが進められ，里親の四つの類系の見直し，
ファミリーホームの創設，里親支援機関事業の実施，委託費の引き上げられた。ま
た，里親委託優先の原則としての里親委託ガイドラインの策定，里親・ファミリー

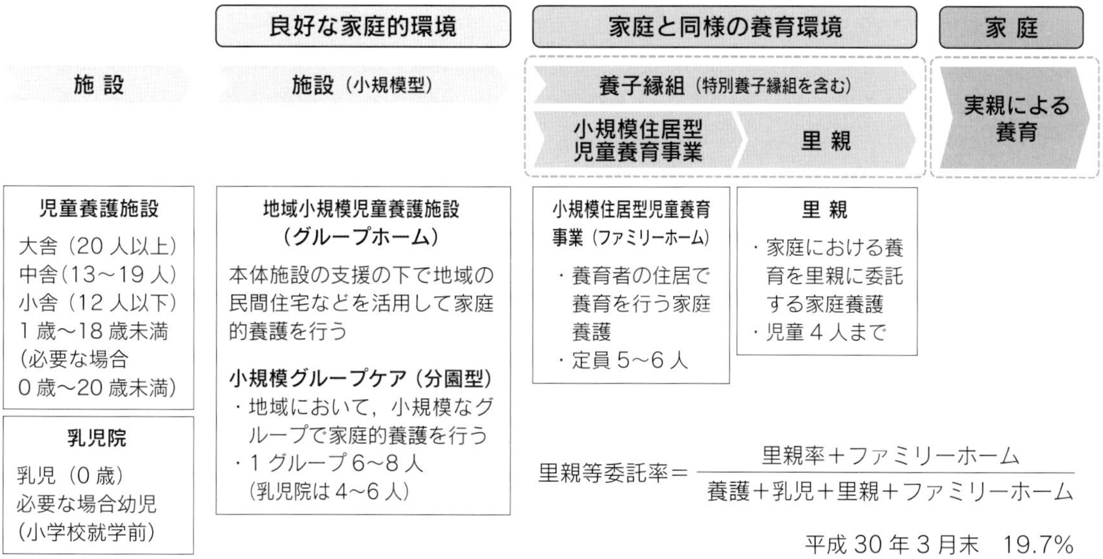

良好な家庭的環境		家庭と同様の養育環境		家　庭
施　設	施設（小規模型）	養子縁組（特別養子縁組を含む）		実親による養育
		小規模住居型児童養育事業	里　親	

児童養護施設

大舎（20人以上）
中舎（13〜19人）
小舎（12人以下）
1歳〜18歳未満
（必要な場合
0歳〜20歳未満）

乳児院

乳児（0歳）
必要な場合幼児
（小学校就学前）

地域小規模児童養護施設（グループホーム）

本体施設の支援の下で地域の民間住宅などを活用して家庭的養護を行う

小規模グループケア（分園型）

・地域において，小規模なグループで家庭的養護を行う
・1グループ 6〜8人
　（乳児院は4〜6人）

小規模住居型児童養育事業（ファミリーホーム）

・養育者の住居で養育を行う家庭養護
・定員 5〜6人

里　親

・家庭における養育を里親に委託する家庭養護
・児童4人まで

$$里親等委託率 = \frac{里親率 + ファミリーホーム}{養護 + 乳児 + 里親 + ファミリーホーム}$$

平成30年3月末　19.7%

図 1-1　家庭と同様の養育環境における養育の推進

（出典）厚生労働省：社会的養育の推進に向けて，2019

ホーム養育指針の作成などが行われてきた。さらに，児童福祉法の改正において里親優先の原則が規定されたことにより，里親推進を児童相談所の業務として明確に位置づけ，フォスタリング[*5]機関の整備や特別養子縁組の研修を義務づけた。

　しかし，里親委託を推進していくうえで解決しなければならない多くの課題がある。まず，何より登録里親が不足していることが挙げられる。日本の社会では，昔ながらの地縁や家制度の血縁を重んじる風潮が根強く残っており，里親制度の社会的認知度が低く，新規委託可能な登録里親の絶対的な数が足りていない。さらに，里親の希望する条件と子どもの条件が合わないことや，児童相談所の信頼できる専門性のある里親が限られていることも，里親委託を困難にしている要因として挙げられる。また，里親希望者の中には，子どもの養育上のトラブルや事故の責任を懸念し，里親登録申請に至らない例も少なくない。

　また，里親委託は，実親の同意を得ることの難しさがある。実親にとって里親委託は，子どもを取られてしまうような気がするため同意が得られにくいのである。さらに，被虐待や発達障害など子どもの抱える問題が多様化・複雑化し，里親への委託が困難なケースが増加してきている。

　実施体制の課題としては，児童相談所の児童福祉司が虐待対応業務に追われ，里親委託業務に十分に手が回らず，里親専任担当職員が選任されていないなど，里親支援体制が十分に整備されていないことが挙げられる。また，未委託里親の状況や里親委託を検討することができる子どもの情報など，自治体内の全児童相談所での情報共有も十分でない。さらに，児童相談所の児童福祉司の意識の問題として，里親不調[*6]を懸念するあまり里親委託に消極的になり，施設入所を選択する傾向に

*5　フォスタリング

里親のリクルートおよびアセスメント，里親登録前後および委託後における里親に対する研修，子どもと里親家庭のマッチング，子どもの里親委託中における里親養育への支援，里親委託解除後の支援を行うことをいう。

*6　里親不調

里親やファミリーホームに委託された子どもがなじめずにほかの里親に委託されたり，施設に措置変更になったりすること。

＊7　厚労労働省「福祉行政報告例」(2013～2015年度) の「里親及び小規模住宅型児童養育事業 (ファミリーホーム) に委託された児童数, 里親の種類×解除の理由—変更別」より算出。2012年度45%, 2013年度54.5%, 2014年度51.3%となっている。3か年を平均すると50.3%であった。

あるといった課題もある。

このような状況の中で, 里親委託が進まないだけでなく, 委託された子どもたちの約半数[7]が里親不調となっており, 現状では, 家庭養護が子どもたちにとって安定した継続的な養育環境になっているとは言い難いのである。

いずれにしても, 里親の推進のため外部へのフォスタリング事業委託など, 支援体制の強化が喫緊の課題である。そして何より, 里親への経済的援助や心理的サポートなど, 里親を孤立させない手厚い支援体制づくりが求められる。家庭養護が子どもたちにとって, 本当の権利擁護となるよう改善に努めていかなければならない。

里親の推進については, 独自な取り組みによって委託率が上がった自治体もあり, それらの取り組みにならって推進を図っていくことが重要である。

2) 小規模型施設および里親養育の課題

施設の小規模化と地域分散化について養育ビジョンでは,「できる限り良好な家庭的環境」として小規模型施設 (地域小規模児童養護施設, 小規模グループケア分園型) を指し,「家庭における同様の養育環境」と同様の機能を持ち, 生活の単位は6人までとし, ケアニーズの高い子どもに至っては4人以下とした。また, 職員配置は子どものいる時間帯は複数配置とし (4人以下の場合については子ども1人に職員2人), 併せて地域分散化を原則とした。施設を地域に分散させない場合でも, 同じ敷地内に生活単位は4か所程度とした。この原則は, 児童養護施設のみならず, 一時保護を担う施設, 児童心理治療施設, 児童自立支援施設にも適用された。

その対象となる子どもは,「家庭及び家庭における同様の養育環境において養育することが適当でない場合」の次に挙げる①〜③に限られている。

① 不信感や怒りが強く, 自傷他害の危険性があるなどのケアニーズの高い子ども

② トラウマ体験や複数回の里親不調を経験した, 家庭への拒否感が強い子ども

③ 適切な「家庭環境と同様の養育環境」が確保できない場合

子どもの養育以外に必要な機能としての高機能化・多機能化においては, 次の①〜③が挙げられている (新しい社会的養育ビジョンより引用)。

① 福祉専門職間及び他の専門職と協働して子どもと家庭を支援する機能

② 実家庭への復帰や家庭と同様の養育環境に移行する場合の移行期のケアや家庭へのケア及び社会的養護からの自立へのケアの提供

③ 市区町村と連携した在宅支援機能や通所機能

小規模化・地域分散化された施設および里親養育においては, いずれも生活支援形態が閉鎖的になり密室化することでほかの人の目に触れにくくなる。施設においては, 子どもの支援が独善的になったり, 里親では養育が恣意的になるおそれがある。また, 養育者が孤立してしまい, 子どものしんどさをほかに伝えることができずに抱え込んでしまうリスクが高くなる。そのような中で, 養育者には, これまで以上に高い倫理観と養護技術が求められる。しかし, 小規模化された施設では, 1人での勤務が多く経験年数の浅い職員が先輩職員の仕事を見て覚えることができな

いため，職員の育成に困難をきたしている。

　さらに，小規模施設においては，労務的な問題があり，現行の職員体制では不十分なため労働基準監督署の宿直の許可が下りない。そういった意味からも，職員配置基準の早急な改善が不可欠である。また，併せて，施設の地域分散について地域に理解を得ることは容易ではなく，国や地方自治体の積極的な介入が求められる。

　このように，家庭的養護の推進にはさまざまな課題があり，先述したように里親委託では，里親不調により措置変更された子どもたちが傷つきを再体験し，里親も深く傷ついている。一方施設においては，家庭的養護の推進により職員の業務量が増え，負担が大きくなっている。東京都では，早くから都独自の加算により施設の小規模化が推進されてきた。その結果，児童養護施設において小規模施設は増えたものの，職員の求人をしても応募者が少なく，職員数が充足できていない施設が年々増加し，2019（平成31）年には全体の48%[1]に達している。

　これらのことについて，2016（平成28）年，児童福祉法の改正に向けてまとめた厚生労働省社会保障審議会児童部会「新たな子ども家庭福祉のあり方に関する専門委員会」の報告には，「国は児童養護施設の小規模化を求めているものの，ケアを担当する職員の配置基準は部分的な改善にとどまっており，そのため，ケアを担当する職員に過重な負担を強いるものとなり，かえってケアの質が低下する可能性が生じている」[2]と記されており，里親不調と相まって社会的養護全体の措置不調*8を助長しないか懸念される。

　こうした弊害を避けるために里親においては，専門性の向上のための研修の実施や支援体制の整備が必要とされ，施設においては，職員配置基準の改善はもちろんのこと，職員の質の向上のための研修体系の構築や施設内外でのスーパーバイズ体制の整備が求められる。そして何より，養育ビジョンの実現に向けて里親や小規模型施設の運営および支援についての新たな養護実践理論の確立が急がれる。

　家庭的養護の推進は，長期的な展望に立ち，総合的な判断のもと慎重に取り組みを進めていかなければ，ねらいと逆の方向に作用してしまうおそれがある。

2. 社会的養護における家庭支援

　社会的養護において家庭支援は，児童福祉施設最低基準に定められた施設の役割であり，施設は児童相談所と連携しながら行う必要がある。

　2016（平成28）年の改正児童福祉法第48条の3には，「乳児院，児童養護施設（中略）の長（中略）及び里親は，当該施設に入所し，（中略）里親に委託された児童及びその保護者に対して，市町村，児童相談所（中略）との緊密な連携を図りつつ，親子の再統合のための支援その他の当該児童が家庭（中略）で養育されるために必要な措置を採らなければならない」と謳われ，改めて被虐待児童の自立支援の一環

＊8　措置不調
　児童相談所などの判断（措置）で施設に入所させたもしくは，里親委託した子どもが，適応できずに措置委託が解除されてしまうこと。

として，親子関係再構築支援を施設，里親，児童相談所などの関係機関等が連携して行うことが規定された。

（1）親子関係再構築支援の取り組みの重要性と意義

　当初，親子関係再構築の家庭環境の調整は，措置の決定・解除を行う児童相談所の役割として，虐待を受けた子どもの早期家庭復帰や，家庭復帰後の虐待の再発防止，親子関係の回復のため，親子分離に至らない段階での親支援のため，親子関係の再構築支援が重要であるとされてきた。

　親子関係再構築支援は，子どもの回復の支援，成長を促すために欠かすことのできない取り組みとして，親子が互いの肯定的な絆を回復することである。家庭復帰だけが親子関係再構築支援の終結ではなく，親子で暮らすことがかなわなくても，生い立ちの整理や，一定の距離を置きながら親子の交流を続けることで，互いを受け入れることも可能になる。

　親子関係再構築支援の最終の目的は，子どもが自己肯定感を高め，生まれてきたことや生きていくことを肯定できるようになることなのである。

（2）親子関係再構築支援の課題

　施設では，虐待により児童相談所が介入し，親子分離した子どもの入所が増えている。児童相談所は，親子分離した子どもを再び家庭で生活できるようにするため，親に対して子どもの養育の仕方や生活環境の改善指導を行っている。しかしながら，親が虐待を認めず児童相談所と対立することも多く，親の支援は困難を極めている。一方で子どもは，不適切な養育により愛着形成に課題を抱え，社会適応に難しさがある。

　そういった意味でも，親子関係の再構築等の家庭環境の調整は，児童相談所だけの役割でなく，児童福祉法でも規定されたように，施設・里親と連携しながら柔軟に役割分担して取り組んでいくことが重要である。

■引用文献■
1）黒田邦夫：社会状況の変化に応じた人材対策を，子どもと福祉，vol.11，2018
2）厚生労働省社会保障審議会児童部会：新たな子ども家庭福祉のあり方に関する専門委員会報告（提言），2016，p.26

■参考文献■
・厚生労働省：社会的養護の課題と将来像（概要），2011
・厚生労働省：社会的養護の課題と将来像の実現に向けて，2019
・厚生労働省：児童養護施設等の小規模化及び家庭的養護の推進のために，2012
・厚生労働省：社会的養護施設関係のおける親子関係再構築支援ガイドライン，2014
・大阪府社会福祉協議会児童施設部会：児童福祉施設援助指針，2012

演習❶ 社会的養護を必要とする子どもたちの代替養育

グループの設定

1グループの人数は4～6人で，グループをつくる。

グループでの話し合い

以下のテーマの中から担当のテーマを決めてグループで話し合う。

① 施設の小規模化に伴う子ども，職員への影響と課題

【考えるヒント】

施設の小規模化によって，子ども，職員がどのような影響を受けるかを考えて，それぞれの立場から課題を考えてみよう。

② 施設の小規模化を推進していくための課題

【考えるヒント】

実際に施設の小規模化を推進した施設のいくつかの事例を調べて，その課題を整理してみよう。

③ 里親を推進していくための課題

【考えるヒント】

自分が将来，里親になると仮定してどのようなことが課題になるか，どのような条件が整えば里親になることができるかを考えてみよう。

発　　表

全体で各グループが話し合ってまとめたことを発表する。

振り返り

グループでの話し合い，他のグループの発表を聞いて考えたことや感じたことを話し合う。そのうえでレポートにまとめる。

第2章

社会的養護を利用する子どもの権利擁護

1. 社会的養護と子どもの権利

(1) 子どもの権利条約

1) 子どもの権利条約の内容

1989（平成元）年に国連において「子どもの権利条約（児童の権利に関する条約）」が採択され，日本は1994（平成6）年に批准した。この条約の大きな特徴は，受動的権利に加えて能動的権利も規定したことにある。受動的権利とは，子どもが大人から保護や支援などをしてもらう権利であり，「ジュネーブ宣言*1」や「子どもの権利に関する宣言*2」でも強調されてきた。子どもの権利条約においてもこのような受動的権利が改めて確認されたことは，重要な意義を持つ。

これに対して能動的権利とは，子ども自身が権利を行使する主体として何かをする権利である。具体的には，意見を表明する権利（第12条），表現の自由（第13条），思想・良心および宗教の自由（第14条），結社および集会の自由（第15条）などが挙げられる。このような能動的権利が条約に明記されたことは，画期的なことであった。

ユニセフ（国連児童基金）は，子どもの権利条約に規定されている子どもの権利を，①生きる権利，②守られる権利，③育つ権利，④参加する権利，の四つの柱に整理している[1]。このうち①～③が受動的権利であり，④が能動的権利といえる。

2) 子どもの権利条約と児童福祉法

子どもの権利条約では，締約国は条約が発効して2年以内に，その後は5年ごとに国連の子どもの権利委員会へ報告することが求められている。子どもの権利委員会はこれに基づき勧告を行うことになっており，日本の報告に対しては児童福祉法が子どもの最善の利益の優先を十分に考慮していないことが指摘されてきた。

そこで，2016（平成28）年6月に改正された児童福祉法では，子どもを権利主体として位置づけて，子どもの権利条約，子どもの最善の利益が明記されることになった。具体的には，第1条に「全て児童は，児童の権利に関する条約の精神にのっとり，適切に養育されること，その生活を保障されること，愛され，保護されること，その心身の健やかな成長及び発達並びにその自立が図られることその他の福祉を等しく保障される権利を有する」と規定された。また第2条には「全て国民は，児童が良好な環境において生まれ，かつ，社会のあらゆる分野において，児童の年齢及び発達の程度に応じて，その意見が尊重され，その最善の利益が優先して考慮され，

*1 **ジュネーブ宣言**
1924（大正13）年に国際連盟によって採択された，子どもの権利に関する国際的規模の宣言。

*2 **子どもの権利に関する宣言**
1959（昭和34）年に国連によって採択された，子ども固有の人権宣言。

心身ともに健やかに育成されるよう努めなければならない」と規定された。

3）子どもの権利条約と社会的養護

子どもの権利条約第 20 条には，家庭環境を奪われた児童等に対する保護および援助について以下のように規定されている。

1．一時的若しくは恒久的にその家庭環境を奪われた児童又は児童自身の最善の利益にかんがみその家庭環境にとどまることが認められない児童は，国が与える特別の保護及び援助を受ける権利を有する。
2．締約国は，自国の国内法に従い，1 の児童のための代替的な監護を確保する。
3．2 の監護には，特に，里親委託，イスラム法のカファーラ，養子縁組又は必要な場合には児童の監護のための適当な施設への収容を含むことができる。解決策の検討に当たっては，児童の養育において継続性が望ましいこと並びに児童の種族的，宗教的，文化的及び言語的な背景について，十分な考慮を払うものとする。

このように社会的養護が必要な子ども等に対する代替的な監護として，施設への入所は「必要な場合には」と限定的に規定されており，里親委託や養子縁組が優先されるとしている。しかしながら，日本では，代替的養護の約 8 割が施設入所という現状となっており，国際的な動向からみると大きな課題となっている。

（2）子どもの代替的養護に関する指針

1）子どもの代替的養護に関する指針の内容

2009（平成 21）年に国連において「子どもの代替的養護に関する指針」が採択された。この指針では，家族が子どもの成長，福祉，保護のための本来の環境であるとの認識のもと，子どもが家族の養育のもとで生活できようにし，または家族の養育のもとに戻れるように，まず国は，家族が子どもを養育する役割を果たすためにさまざまな支援を受けられるよう保障すべきであるとしている。

この指針では，子どもを家族の養育から切り離すことは最終手段とみなされるべきであるとしており，代替的養護はできる限り一時的なもので，短期間であるべきとしている。

2）子どもの代替的養護に関する指針と施設養護

国連の子どもの代替的養護に関する指針では，施設養護について「居住養護の利用は，かかる養護環境が個々の児童にとって特に適切，必要かつ建設的であり，その児童の最善の利益に沿っている場合に限られるべきである」（第 21 項）[2] としている。

また，「専門家の有力な意見によれば，幼い児童，特に 3 歳未満の児童の代替的養護は家庭を基本とした環境で提供されるべきである」（第 22 項）と，家庭養護を基本とすべきことが示された。さらに「大規模な施設養護が残存する現状において，

かかる施設の進歩的な廃止を視野に入れた，明確な目標及び目的を持つ全体的な脱施設化方針に照らした上で，代替策は発展すべきである」（第23項），「施設養護を提供する施設は，児童の権利とニーズが考慮された小規模で，可能な限り家庭や少人数グループに近い環境にあるべきである」（第123項）と述べられている。

　しかしながら，前述したように日本では，代替的養護の約８割が施設養護であり，さらに大規模な施設が多いという現状になっている。このことは国連の子どもの権利委員会からも指摘されており，国は，①里親およびファミリーホーム，②グループホーム，③本体施設（児童養護施設はすべて小規模ケア）のそれぞれを概ね３分の1に変えていくことを目標として取り組むことにしている。

2. 社会的養護における権利擁護の取り組み

（1）施設で生活する子どもの権利擁護

　児童養護施設運営指針（厚生労働省雇用均等・児童家庭局通知）では，施設で生活する子どもの権利擁護の取り組みについて，①子どもの尊重と最善の利益の考慮，②子どもの意向への配慮，③入所時の説明等，④権利についての説明，⑤子どもが意見や苦情を述べやすい環境，の五つに分けて示されている。

1）子どもの尊重と最善の利益の考慮

　子どもの尊重と最善の利益の考慮としては，第１に，子どもを尊重した養育・支援についての基本姿勢を明示し，施設内で共通の理解を持つための取り組みを行うことが挙げられている。施設長や職員が子どもの権利擁護に関する施設内外の研修に参加し，人権感覚を磨くことで，施設全体が権利擁護の姿勢を持ち，また子どもを尊重した姿勢を，個々の養育・支援の標準的な実施方法等に反映させる。

　第２は，社会的養護が子どもの最善の利益を目指して行われることを職員が共通して理解し，日々の養育・支援において実践することである。施設全体の質の向上を図るため，職員一人ひとりが，養育実践や研修を通じて専門性を高めるとともに，養育実践や養育の内容に関する職員の共通理解や意見交換を図り，協働性を高めていく。また，受容的・支持的なかかわりを基本としながらも，養育者として伝えるべきメッセージは伝えるなど，子どもの状況に応じて適切な対応ができるよう，常に子どもの利益を考慮し真摯に向き合う。

　第３は，子どもの発達に応じて，子ども自身の出生や生い立ち，家族の状況について，子どもに適切に知らせることである。子どもが自己の生い立ちを知ることは，自己形成の視点から重要であり，子どもの発達等に応じて，可能な限り事実を伝える。また，家族の情報の中には子どもに知られたくない内容があることも考慮し，伝え方等は職員会議等で確認し，共有し，また，児童相談所と連携する。

　第４は，子どものプライバシー保護に関する規程・マニュアル等を整備し，職員

に周知するための取り組みを行うことである。通信，面会に関するプライバシー保護や，生活場面等のプライバシー保護について，規程・マニュアル等の整備や設備面等の工夫などを行う。

第5は，子どもや保護者の思想や信教の自由を保障することである。子どもの思想・信教の自由については，最大限に配慮し保障するとともに，保護者の思想・信教によってその子どもの権利が損なわれないよう配慮する。

2) 子どもの意向への配慮

子どもの意向への配慮としては，第1に，子どもの意向を把握する具体的な仕組みを整備し，その結果をふまえて，養育・支援の内容の改善に向けた取り組みを行うことが挙げられている。日常的な会話の中で発せられる子どもの意向をくみ取り，また，子どもの意向調査，個別の聴取等を行い，改善課題の発見に努める。さらに，改善課題については，子どもの参画のもとで検討会議等を設置して，改善に向けて具体的に取り組む。

第2は，職員と子どもが共生の意識を持ち，子どもの意向を尊重しながら生活全般についてともに考え，生活改善に向けて積極的に取り組むことである。生活全般について日常的に話し合う機会を確保し，生活改善に向けての取り組みを行い，また生活日課は子どもとの話し合いを通じて策定する。

3) 入所時の説明等

入所時の説明としては，第1に，子どもや保護者等に対して，養育・支援の内容を正しく理解できるような工夫を行い，情報提供することが挙げられている。施設の様子がわかりやすく紹介された印刷物等を作成し，希望があれば見学にも応じるなど養育・支援の内容を正しく理解できるような工夫を行う。また，子どもや保護者等が，情報を簡単に入手できるような取り組みを行う。

第2は，入所時に，施設で定めた様式に基づき養育・支援の内容や施設での約束ごとについて，子どもや保護者等にわかりやすく説明することである。入所時の子どもや保護者等への説明を施設が定めた様式に基づき行うとともに，施設生活での規則，保護者等の面会や帰宅に関する約束ごとなどについて，子どもや保護者等にわかりやすく説明する。さらに，未知の生活への不安を解消し，これからの生活に展望が持てるようにわかりやすく説明する。

第3は，子どものそれまでの生活とのつながりを重視し，そこから分離されることに伴う不安を理解し受けとめ，不安の解消を図ることである。入所の相談から施設での生活が始まるまで，子どもや保護者等への対応についての手順を定める。また，入所の際には，温かみのある雰囲気の中で，子どもを迎えるよう準備する。

4) 権利についての説明

権利についての説明としては，子どもに対して，権利について正しく理解できるよう，わかりやすく説明することが挙げられている。子どもの権利ノート*3やそれに代わる資料を使用して施設生活の中で守られる権利について随時わかりやすく

＊3 子どもの権利ノート

児童養護施設など社会的養護のもとで生活する子どもに権利を伝え，権利が侵害されたときにその解決方法を説明する小冊子。

説明するとともに，子どもの状況に応じて，権利と義務・責任の関係について理解できるように説明する。

5）子どもが意見や苦情を述べやすい環境

子どもが意見や苦情を述べやすい環境としては，第1に，子どもが相談したり意見を述べたりしたいときに相談方法や相談相手を選択できる環境を整備し，子どもに伝えるための取り組みを行うことが挙げられている。複数の相談方法や相談相手の中から自由に選べることを，わかりやすく説明した文書を作成・配布する。また，子どもや保護者等に十分に周知し，日常的に相談窓口を明確にした上で，内容をわかりやすい場所に掲示する。

第2は，苦情解決の仕組みを確立し，子どもや保護者等に周知する取り組みを行うとともに，苦情解決の仕組みを機能させることである。そのために，苦情解決責任者の設置，苦情受け付け担当者の設置，第三者委員の設置など，苦情解決の体制を整備する。さらに，苦情解決の仕組みを文書で配布するとともに，わかりやすく説明したものを掲示する。

第3は，子ども等からの意見や苦情等に対する対応マニュアルを整備し，迅速に対応することである。苦情や意見・提案に対して迅速な対応体制を整えるとともに，苦情や意見を養育や施設運営の改善に反映させる。また，子どもの希望に応えられない場合には，その理由を丁寧（ていねい）に説明する。

(2) 子どもの意見をくみ上げる仕組み

1）意見表明権の保障

子どもの権利条約第12条には「締約国は，自己の意見を形成する能力のある児童がその児童に影響を及ぼすすべての事項について自由に自己の意見を表明する権利を確保する。この場合において，児童の意見は，その児童の年齢及び成熟度に従って相応に考慮されるものとする」と，子どもの意見表明権が規定されている。施設で生活する子どもに対しても意見表明権を保障していくことは重要であり，施設の職員は子ども一人ひとりの意向をくみ取り支援をしていくことが求められる。そのために，各施設においてさまざまな取り組みが行われている。

例えば，児童自立支援計画の策定にあたって，アドミッションケア[*4]，インケア[*5]，リービングケア[*6]の各段階において子どもの意向を把握する取り組みを行って具体的に計画に反映させている。また，食事やおこづかいなどの施設生活における子どもの希望や意見を言えるように配慮したり，子どもの自治会を組織化したり，意見箱を設置したりするなどして，さまざまな形で意見を表明できる機会を保障している。

児童相談所等においては，子どもの権利ノートに相談先の電話番号やe-メールアドレスを記載したり，相談内容を記載して送ることができるはがきを添付したりすることによって，施設に入所している子どもが施設の外部の者に相談しやすい体

*4　アドミッションケア
　新規に施設入所を受け入れた直後に行うケアのこと。

*5　インケア
　施設に入所してからの生活援助のこと。

*6　リービングケア
　社会的自立に向けての準備。また，他施設，里親への措置変更，家庭復帰など，子どもの生活環境が変わる際の準備やケアも指す。

制を整備している。

2) 苦情解決の仕組み

社会福祉サービスにおいて，苦情を適切に解決することは，利用者側からみると，サービスの質の向上やサービスに対する満足感を高めるとともに，虐待防止など権利擁護の取り組みにつながるなどの効果が期待できる。一方，施設側にとっても利用者のニーズの把握や提供しているサービスの検証につながる。

苦情を密室化せず，苦情解決に社会性や客観性を確保し，利用者の立場や特性に配慮した適切な対応を推進するために，社会福祉法では，社会福祉事業経営者による直接的な苦情解決の仕組みの必要性を規定するとともに，外部の運営適正化委員会による間接的な苦情解決の仕組みを規定している。

社会福祉事業経営者による苦情解決について，社会福祉法第82条には「社会福祉事業の経営者は，常に，その提供する福祉サービスについて，利用者等からの苦情の適切な解決に努めなければならない」と規定されている。したがって，児童養護施設等の施設においても，苦情解決責任者，苦情受付担当者，第三者委員を設置するなどして，施設生活における子どもからの苦情等の適切な解決に努めることが求められる。

また，施設外には都道府県社会福祉協議会[*7]に運営適正化委員会が設置されており，「運営適正化委員会は，福祉サービスに関する苦情について解決の申出があつたときは，その相談に応じ，申出人に必要な助言をし，当該苦情に係る事情を調査するものとする」（同法第85条）と規定されている。

このような苦情解決の仕組みや運営適正化委員会については，入所時に子どもに説明したり，施設のわかりやすい場所に掲示したりするなどして子どもに周知することが求められる。さらに，子どもからの苦情等に対しては迅速に対応し，必要に応じて施設運営を改善していくことが必要となる。

（3）被措置児童等虐待の防止

1) 被措置児童等虐待の定義

社会的養護は子どもの権利擁護のための制度であって，その施設内において職員が権利を侵害することは前提としていないものであった。しかしながら，本来，子どもが信頼を寄せるべき立場の施設の職員が入所中の子どもに対して体罰，虐待などを行うということが起きており，施設内における子どもの人権侵害が大きな問題として取り上げられるようになった。

そこで，2008（平成20）年の児童福祉法の改正により被措置児童等虐待の防止に関する事項が法律に明記された。被措置児童等虐待とは，小規模住居型児童養育事業（ファミリーホーム）の従事者，里親およびその同居人，乳児院，児童養護施設，障害児入所施設等の施設職員などが入所している子どもなどに対して，身体的虐待，性的虐待，ネグレクト（養育放棄），心理的虐待を行うことをいう。

*7 **都道府県社会福祉協議会**
社会福祉協議会は，地域福祉の推進を目的とした民間非営利組織。都道府県社会福祉協議会は，各市町村社会福祉協議会の指導や支援・監督，福祉専門職の養成，福祉サービスの振興・評価などを主な事業としている。

施設職員等は，被措置児童等虐待その他被措置児童等の心身に有害な影響を及ぼす行為をしてはならないと規定されており，被措置児童等虐待を受けたと思われる子どもを発見した者は，速やかに児童相談所などに通告しなければならない。また，施設職員等は，この通告をしたことを理由として，解雇その他不利益な取り扱いを受けないとされている。

なお，子ども間の暴力，いじめ，差別などは被措置児童等虐待には含まれていないが，施設としてその事実を把握していたにもかかわらず，適切に対応していない場合は，ネグレクト（養育放棄）とみなされる。

2) 被措置児童等虐待の実態

児童福祉法には「都道府県知事は，毎年度，被措置児童等虐待の状況，被措置児童等虐待があつた場合に講じた措置その他厚生労働省令で定める事項を公表するものとする」（児童福祉法第33条の16）と規定されており，これらを厚生労働省が毎年度とりまとめて公表している。

「平成29年度における被措置児童等虐待への各都道府県市の対応状況について」（厚生労働省）によると，2017（平成29）年度の全国の被措置児童等虐待の届出・通告受理件数は301件で，虐待の有無に係る事実確認が行われた事例（2016年度以前の繰り越し事例を含む）のうち，都道府県市において虐待の事実が認められた件数は99件であった（表2－1）。

虐待の事実が認められた被措置児童等虐待の施設等種別をみると，「児童養護施設」が64件（64.6％）で最も多く，次いで「里親・ファミリーホーム」が12件（12.1％），「障害児入所施設等」が10件（10.1％），「児童自立支援施設」が8件（8.1％）等であった（表2－2）。

虐待の事実が認められた被措置児童等虐待の虐待の種別・類型をみると，「身体的虐待」が56件（56.6％）で最も多く，次いで「性的虐待」が23件（23.2％），「心理的虐待」が17件（17.2％），「ネグレクト」が3件（3.0％）であった（表2－3）。

3) 被措置児童等虐待への対応

被措置児童等虐待への対応では，入所している子どもに対する支援について常日頃から組織として対応し，適切な体制の整備を進めることによって予防に努めることが重要となる。

2009（平成21）年に厚生労働省より通知された「被措置児童等虐待対応ガイドラインについて」では，施設における被措置児童等虐待を予防し，また，虐待が発生した場合も再発防止を図るための取り組みとして，①風通しのよい組織運営，②開かれた組織運営，③職員の研修，資質の向上，④子どもの意見をくみ上げる仕組み等の4点を挙げている。

都道府県等は，被措置児童等虐待の通告があった場合は状況の把握と事実確認を行う。被措置児童等虐待の事実が明らかになった場合は，虐待を受けた子どもの安全を確保するとともに，心的外傷の把握および対応などの支援を行う。必要な場合

表2-1　被措置児童等虐待の事実確認調査の状況

| | 事実確認を行った事例 | | | | 事実確認を行っていない事例 | | |
	虐待の事実が認められた	虐待の事実が認められなかった	虐待の事実の判断に至らなかった	小計	虐待ではなく事実確認調査不要と判断	後日，事実確認調査を予定している等	合計
件数	99	154	34	287	5	9	301
構成割合	32.9%	51.2%	11.3%	95.3%	1.7%	3.0%	100.0%

（出典）厚生労働省：平成29年度における被措置児童等虐待への各都道府県市の対応状況について

表2-2　被措置児童等虐待の施設等種別

| | 社会的養護関係施設 | | | | 里親・ファミリーホーム | 障害児入所施設等 | 一時保護委託先 | 合計 |
	乳児院	児童養護施設	児童心理治療施設	児童自立支援施設				
件数	1	64	0	8	12	10	4	99
構成割合	1.0%	64.6%	0.0%	8.1%	12.1%	10.1%	4.0%	100.0%

（出典）厚生労働省：平成29年度における被措置児童等虐待への各都道府県市の対応状況について

表2-3　被措置児童等虐待の虐待の種別・類型

	身体的虐待	ネグレクト	心理的虐待	性的虐待	合計
件数	56	3	17	23	99
構成割合	56.6%	3.0%	17.2%	23.2%	100.0%

（出典）厚生労働省：平成29年度における被措置児童等虐待への各都道府県市の対応状況について

には一時保護や措置変更，加害者として特定された職員を担当から外すなどの対応を行う。

　そのうえで都道府県等は，関係機関と協力しながら，当該被措置児童等虐待が起こった要因，施設等のケア体制や法人の組織運営上の問題，再発防止のための取り組み（施設等関係者への処分，職員への研修，施設や法人における組織・システムの見直し等）を検証し，施設等に対して必要な対応を行うことになっている。

（4）子ども間の暴力・いじめの防止

　児童養護施設運営指針（厚生労働省雇用均等・児童家庭局通知）では「施設内の子ども間の暴力，いじめ，差別などが生じないよう施設全体で取り組む」とし，具体的に以下のような事項が示されている。

・日頃から他人に対する配慮の気持ちや接し方を職員が模範となって示す。

・子ども間の暴力，いじめ，差別などが施設内で生じないようにするための予防策や，発生してしまった場合に，問題克服へ向けた取組を施設全体で行う。

・施設内での重要なルールとして「暴力防止」を掲げ，日頃から他者の権利を守ることの大切さを子どもと話し合う機会を持つ。

・子どもの遊びにも職員が積極的に関与するなどして子ども同士の関係性の把握に努め，いじめなどの不適切な関係に対しては適時介入する。

・生活グループの構成には，子ども同士の関係性に配慮する。

・暴力やいじめについての対応マニュアルを作成するなど，問題が発覚した場合は，全職員が適切な対応ができる体制を整える。

■引用文献■

1）ユニセフホームページ：http：//www.unicef.or.jp/about_unicef/about_rig.html
2）国際連合第64回総会決議，児童の代替的養護に関する指針（厚生労働省雇用均等・児童家庭局家庭福祉課仮訳），2009

演習❷ 子どもの意見表明権の保障

　施設職員の立場から児童養護施設に入所している子どもの意見表明権を保障するための「子ども会議」を企画しよう。

グループでの話し合い

① 　1グループの人数は5～6人で，グループをつくる。

② 　施設規模・形態，グループの子どもの人数，年齢，性別などの設定を決める。

③ 　施設において初めて実施することを前提にして実施計画を考える。

　【考えるヒント】

　　実施時間帯，実施間隔，入所している子どもが全員参加するか，いくつかのグループに分けて実施するか，子どもにどのように説明するか，どのように進行するか，どのようなことに配慮する必要があるか，出てきた意見についてどのように対応するか，など，できるだけ具体的に考える。

発　　　表

　グループで考えた実施計画を発表する。最初のグループのメンバーがばらばらになるように新たにグループをつくり，新たなグループ内でそれぞれの実施計画を発表する。

振 り 返 り

　それぞれのグループの発表を聞いて，考えたことや感じたことを話し合う。そのうえでレポートにまとめる。

第3章 社会的養護にかかわる保育士の倫理および責務

1. 社会的養護にかかわる保育士の役割

　保育士とは，「専門的知識及び技術をもつて，児童の保育及び児童の保護者に対する保育に関する指導を行うことを業とする者をいう」（児童福祉法第18条の4）とされている。保育所で働く保育士は，保護者が就労しているなどの理由で，保育を必要として日々保護者のもとから通ってくる乳幼児の保育を行い，専門的知識と技術をもって，健やかな成長と発達を支えるために「養護と教育」を行う。さらに，保護者支援，地域の子育て家庭への支援を行い，間接的に乳幼児の成長・発達を支えることも保育所で働く保育士の役割である。

　一方，社会的養護にかかわる保育士の役割は，さまざまな事情により家庭で保護者と暮らすことができない子どもたちと生活をともにし，その日々の生活を通して，安心と安全，安定を保障し，健やかな成長・発達を支えることである。乳幼児だけでなく，18歳までの子どもを対象とし，必要に応じて，18歳以上をも対象とする。子どもにとってかけがえのない家族を支え，再び家族と暮らせるように，あるいは新しい家族，それに代わる人々との結びつきを支えることや，子ども自身が自立できるように支え，子どもにとってよりよい環境が整えられるように支援することが，社会的養護にかかわる保育士の役割である。専門的知識と技術をもって子どもとかかわり，保護者を支援することに変わりはない。

　施設で生活している子どもに対しては，まずはあたたかい衣・食・住を用意し，施設での生活が安全で安心できるよう，明るくゆったりとした環境を整えることが求められる。例えば乳児院では，個別的で落ち着いた環境の下，愛着関係を築き，乳児の心身と社会性の健全な発達，人格形成の助けとなるよう，乳幼児の年齢や発達段階に応じて授乳，食事，排泄，沐浴，入浴，外気浴，睡眠，遊び，運動などの養育を通して子どもの成長・発達を支える。児童養護施設では，子どもの自主性を尊重しつつ，基本的生活習慣を確立するとともに豊かな人間性と社会性を養い，将来自立した生活を営むために必要な知識と経験を得ることができるよう生活指導，学習指導，職業指導，家庭環境の調整などを行いつつ養育する。

　障害児入所施設では，入所している子どもの障害の程度や種類はさまざまであり，また同じ障害であっても一人ひとり違うので，それぞれに合わせた支援を行う。さらに，食事，排泄，入浴などの介護，日常生活能力の維持・向上のための訓練，レクリエーションなどの社会参加活動，コミュニケーション支援などを日々の生活の

中で繰り返し積み重ね，豊かな生活と，自立へ向けての支援を行う。

　施設で暮らす子どもは，複雑な背景を抱えていたり，障害があったりするなどさまざまな状況に置かれている。そのような子どもたち一人ひとりに応じた対応ができるよう，社会的養護にかかわる保育士には，より高い専門性が求められる。看護師，児童指導員，栄養士，調理員など他職種の職員と協働し，また，家族支援，地域支援にかかわる関係機関との連携を行い，子どもたちが健やかに成長・発達できるよう，子どもたちの権利を擁護していくことも大切な役割である。

2. 社会的養護にかかわる保育士の倫理に関する指針

　専門職は，一般的に国家資格を必要とする専門的職業を指し，個人の生活や情報に直接かかわることも多いため，高い倫理性が求められる。そこで，専門職としての職業倫理や社会的責任を果たすためにどのように行動すべきか，その行動規範・行動基準を成文化した倫理綱領をさまざまな専門職団体が作成し，公表している。

　倫理綱領は，保育や支援の具体的場面で活用し，実践できてこそ生きたものになる。行動規範として，倫理綱領を実践レベルで理解し，絶えず日々の保育や支援のあり方が適切であるのか，保育士自らが見直し続けることが大切であり，また，独りよがりにならないよう，組織全体でカンファレンス*¹やスーパービジョン*²（専門的指導・教育）によって見直すことも必要とされる。

　施設で暮らす子どもたちにとって，保育士は最も近い存在であり，それは，最も大きな影響を与えるということになる。専門職である保育士は，最良の実践を行うために，常に自己研鑽（けんさん）に努め，専門性の向上を図らなければならない。

(1) 全国保育士会倫理綱領

　全国の保育士が所属する「全国保育士会」では，次（p.30）のように倫理綱領を策定している。保育士は，このような倫理綱領をふまえ，子どもの健やかな成長・発達のために，子どもにとっての最善の利益を尊重し続けることが求められる。子ども自身がはっきりと口に出して要求を訴えることができないこともある。したがって，常に子どもの視点に立ち，子どもの声にならないニーズを受け止め，子どもの立場に立って代弁することも保育士の大切な役割である。

(2) 全国乳児福祉協議会倫理綱領

　乳児院を会員とする全国組織である「全国乳児福祉協議会」は，次（p.31）のように倫理綱領を策定している。乳児院で働く保育士は，このような倫理綱領をふまえて支援していくことが求められる。子ども，特に乳児は，一人で生きていくことはできない。乳児の生命（いのち）を守り養育することが乳児院の役割である。また，乳児院

*1　カンファレンス（conference）
　福祉施設では，支援会議，支援検討会などと呼ばれる。職員全体で，支援・援助の方針や計画を共有し，共通理解のもとで支援・援助が実施されることが重要である。

*2　スーパービジョン（supervision）
　対人援助において，援助者（スーパーバイジー）が担当している事例の援助方法について指導者（スーパーバイザー）から適切な援助，指導を受けることをいう。管理的・教育的・支持的機能がある。

全国保育士会倫理綱領

　すべての子どもは，豊かな愛情のなかで心身ともに健やかに育てられ，自ら伸びていく無限の可能性を持っています。

　私たちは，子どもが現在（いま）を幸せに生活し，未来（あす）を生きる力を育てる保育の仕事に誇りと責任をもって，自らの人間性と専門性の向上に努め，一人ひとりの子どもを心から尊重し，次のことを行います。

・私たちは，子どもの育ちを支えます。
・私たちは，保護者の子育てを支えます。
・私たちは，子どもと子育てにやさしい社会をつくります。

（子どもの最善の利益の尊重）
1. 私たちは，一人ひとりの子どもの最善の利益を第一に考え，保育を通してその福祉を積極的に増進するよう努めます。

（子どもの発達保障）
2. 私たちは，養護と教育が一体となった保育を通して，一人ひとりの子どもが心身ともに健康，安全で情緒の安定した生活ができる環境を用意し，生きる喜びと力を育むことを基本として，その健やかな育ちを支えます。

（保護者との協力）
3. 私たちは，子どもと保護者のおかれた状況や意向を受けとめ，保護者とより良い協力関係を築きながら，子どもの育ちや子育てを支えます。

（プライバシーの保護）
4. 私たちは，一人ひとりのプライバシーを保護するため，保育を通して知り得た個人の情報や秘密を守ります。

（チームワークと自己評価）
5. 私たちは，職場におけるチームワークや，関係する他の専門機関との連携を大切にします。
　また，自らの行う保育について，常に子どもの視点に立って自己評価を行い，保育の質の向上を図ります。

（利用者の代弁）
6. 私たちは，日々の保育や子育て支援の活動を通して子どものニーズを受けとめ，子どもの立場に立ってそれを代弁します。
　また，子育てをしているすべての保護者のニーズを受けとめ，それを代弁していくことも重要な役割と考え，行動します。

（地域の子育て支援）
7. 私たちは，地域の人々や関係機関とともに子育てを支援し，そのネットワークにより，地域で子どもを育てる環境づくりに努めます。

（専門職としての責務）
8. 私たちは，研修や自己研鑽を通して，常に自らの人間性と専門性の向上に努め，専門職としての責務を果たします。

社会福祉法人 全国社会福祉協議会
全国保育協議会
全国保育士会

（平成 15 年 2 月 26 日 平成 14 年度第 2 回全国保育士会委員総会採択）

乳児院倫理綱領

　乳児院の責務は，子どもの生命（いのち）と人権を守り，子どもたちが日々こころ豊かにかつ健やかに成長するよう，また，その保護者が子どもたちによりよい養育環境を整えられるよう支援することです。

　私たちはこのことを深く認識し，子育て支援に対する社会からの要請に応えるべく，日々自己研鑽に励み，専門性の向上をめざします。そして，子どもたちの育ちを支える生活の場として，すべての職員が心をあわせ，子どもたちの幸福（しあわせ）を実現するための拠りどころを，次に定めます。

（基本理念）

　私たちは，社会の責任のもとに，子どもたちの生命（いのち）を，かけがえのない，社会で最も尊いものとして大切に守ります。

　私たちは，子どもたちによりそい，その思いを代弁するよう努めるとともに，専門的役割と使命を自覚し，一人ひとりの子どもの最善の利益の実現に努めます。

（権利擁護）

　私たちは，児童憲章と子どもの権利条約の理念を遵守し，子どもたちの人権（生きる権利，育つ権利，守られる権利，参加する権利）を尊重します。

　私たちは，子どもたちへのいかなる差別や虐待も許さず，また不適切なかかわりをしないよう，自らを律します。

（家庭的養護と個別養護）

　私たちは，家庭的な養育環境のもとで，子どもたちが安心して生活できるよう，子どもたち一人ひとりの成長発達をきめ細かく，丁寧に見守っていきます。

（発達の支援）

　私たちは，子どもたち一人ひとりと信頼関係を築き，子どもたちが健全な心身の発達ができるよう育ちを支えます。

（家庭への支援）

　私たちは，関係機関と協働し，家庭機能の回復を援助するとともに，保護者や里親と子どもたちを継続的に支援します。

（社会的使命の遂行）

　私たちは，関係機関と協働し，虐待防止の推進を図るとともに，地域の子育て支援や里親支援などの社会貢献に努めます。

平成 20 年 5 月 9 日（平成 26 年 5 月 12 日一部改正）
社会福祉法人全国社会福祉協議会・全国乳児福祉協議会

は，生涯にわたる人間形成の基礎を培うという視点から，特に家庭的な養育環境と個別養護を大切にし，子どもたちとの愛着関係を築くことを重視している。子どもは，世話をしてもらい，大切にされ，愛され，甘えを受け入れてもらうことで，大人を信頼できるようになる。

　さらに，乳児院は，児童相談所が行う乳児の緊急一時保護先としての役割も持つ。したがって，倫理綱領には，保護者支援，里親支援，地域への子育て支援も重要な役割として示されている。子どもの人権を守り，最善の利益の実現を目指し，自ら差別や虐待の予防に取り組むことを宣言している。

（3）全国児童養護施設協議会倫理綱領

　児童養護施設を会員とする全国組織である「全国児童養護施設協議会」では，次のように倫理綱領を策定している。

　この倫理綱領では，乳児院同様，子どもの最善の利益を優先すること，自ら差別・虐待・人権侵害の防止に努めることを宣言している。さらに，児童養護施設では，集団生活であり，また家庭の事情も異なるために，特に子どものプライバシーの尊重と秘密保持を重視している。また，子どもたちの生活は，施設で完結するのではない。いずれ，退所し，家庭復帰したり，自立して自分の家庭を持ったりすることになる。そのため，子どもたちの自己実現と自立のための継続的な援助を重視している。

　日々の生活の中で子どもたちの声に耳を傾け，ともに生活をつくっていく。子どもたちが意見表明し，選択と意思決定できる機会を十分に保障し，自己決定と主体性が発揮できるように支援することが，社会自立への支援となるのである。

全国児童養護施設協議会倫理綱領

原　則

　児童養護施設に携わるすべての役員・職員（以下，『私たち』という。）は，日本国憲法，世界人権宣言，国連・子どもの権利に関する条約，児童憲章，児童福祉法，児童虐待の防止等に関する法律，児童福祉施設最低基準にかかげられた理念と定めを遵守します。

　すべての子どもを，人種，性別，年齢，身体的精神的状況，宗教的文化的背景，保護者の社会的地位，経済状況等の違いにかかわらず，かけがえのない存在として尊重します。

使　命

　私たちは，入所してきた子どもたちが，安全に安心した生活を営むことができるよう，子どもの生命と人権を守り，育む責務があります。

　私たちは，子どもの意思を尊重しつつ，子どもの成長と発達を育み，自己実現と自立のために継続的な援助を保障する養育をおこない，子どもの最善の利益の実現をめざします。

倫理綱領

1．私たちは，子どもの利益を最優先した養育をおこないます

　一人ひとりの子どもの最善の利益を優先に考え，24時間365日の生活をとおして，子どもの自己実現と自立のために，専門性をもった養育を展開します。

2．私たちは，子どもの理解と受容，信頼関係を大切にします

　自らの思いこみや偏見をなくし，子どもをあるがままに受けとめ，一人ひとりの子どもとその個性を理解し，意見を尊重しながら，子どもとの信頼関係を大切にします。

3．私たちは，子どもの自己決定と主体性の尊重につとめます

　子どもが自己の見解を表明し，子ども自身が選択し，意思決定できる機会を保障し，支援します。また，子どもに必要な情報は適切に提供し，説明責任をはたします。

4．私たちは，子どもと家族との関係を大切にした支援をおこないます

　関係機関・団体と協働し，家族との関係調整のための支援をおこない，子どもと，子どもにとってかけがえのない家族を，継続してささえます。

5．私たちは，子どものプライバシーの尊重と秘密を保持します

子どもの安全安心な生活を守るために，一人ひとりのプライバシーを尊重し，秘密の保持につとめます。

6．私たちは，子どもへの差別・虐待を許さず，権利侵害の防止につとめます

いかなる理由の差別・虐待・人権侵害も決して許さず，子どもたちの基本的人権と権利を擁護します。

7．私たちは，最良の養育実践を行うために専門性の向上をはかります

自らの人間性を高め，最良の養育実践をおこなうために，常に自己研鑽につとめ，養育と専門性の向上をはかります。

8．私たちは，関係機関や地域と連携し，子どもを育みます

児童相談所や学校，医療機関などの関係機関や，近隣住民・ボランティアなどと連携し，子どもを育みます。

9．私たちは，地域福祉への積極的な参加と協働につとめます

施設のもつ専門知識と技術を活かし，地域社会に協力することで，子育て支援につとめます。

10．私たちは，常に施設環境および運営の改善向上につとめます

子どもの健康および発達のための施設環境をととのえ，施設運営に責任をもち，児童養護施設が高い公共性と専門性を有していることを常に自覚し，社会に対して，施設の説明責任にもとづく情報公開と，健全で公正，かつ活力ある施設運営につとめます。

2010年5月17日
社会福祉法人　全国社会福祉協議会
全国児童養護施設協議会

（4）プライバシーの保護

保育士は，子どもや保護者と関係する中で，プライバシーにかかわることが多い。児童福祉法には，「保育士は，保育士の信用を傷つけるような行為をしてはならない」（第18条の21），「保育士は，正当な理由がなく，その業務に関して知り得た人の秘密を漏らしてはならない。保育士でなくなった後においても，同様とする」（第18条の22）と規定されている。

組織として，個人情報を厳重に管理することは当然であるが，保育士個人でも，SNSで簡単に不特定多数とつながることができるようになった今，その扱いには特に注意しなければならない。たとえ匿名であっても，子どもの写真をSNSにアップロードしたり，子どもや保護者のこと，職務上のことを書き込んだりすることは，守秘義務違反である。関係者が見れば簡単に特定されるだろうし，大きな不利益や危険を与えてしまう場合もある。一度，インターネット上にアップロードした内容は，後で削除したとしても誰かが保存・複写する可能性があり，完全に消し去ることは難しい。

したがって，保育士は，子どもや保護者のプライバシーの保護を常に意識してかかわっていくことが求められる。

演習❸　施設での生活になじめない入所児童への対応

　Ａくん（10歳・男子）は，父母のネグレクトにより児童養護施設に入所した。入所後，しばらくは他児とかかわることを避けるように過ごしていた。職員は，少しでも早くＡくんが施設の生活に慣れ，気持ちが落ち着くよう，担当職員を中心に１対１の関係を大切にしてきた。

　一週間も過ぎたころ，施設を抜け出して，自宅へ帰ろうとしたところを職員が気づいて連れ戻した。その後，より一層，担当職員はＡくんと一緒に過ごす時間を大切にし，Ａくんの気持ちに寄り添い，理解しようと努めた。また，職員全体でＡくんを見守るよう体制を整えた。

　このところ，Ａくんは，職員の声かけに「うるさい」，「あっちへ行け」と言って，職員の言葉に耳を傾けようとせず，他児に対しても，わざとぶつかる，一方的に興奮して怒鳴るなどの行為がみられるようになった。特に，Ｂくん（９歳）に対して，突き飛ばしたり，威嚇したりするような態度が頻繁にみられるようになり，Ｂくんは，Ａくんにおびえている様子である。

　また，食事の好き嫌いが激しく，揚げ物など自分の好きなものは食べるが，野菜など一切口にせずに自室に戻ってしまい，食卓は気まずい雰囲気となっている。特に，入浴を嫌がり，職員がいくら声をかけても，なかなか入ろうとしない。

　こういった様子に対して，入所している中学生の数人がＡくんに対し，「いいかげんにしろよ！」と注意する場面もみられるようになった。Ａくんは，注意されればされるほど，興奮するという状態である。

支援の視点

「全国児童養護施設協議会倫理綱領」をもとに，具体的な実践のあり方を考える。
① すべての子どもにとっての，「子どもの最善の利益」を最優先した養育を考える。
② 一人ひとりの子どもとその個性を理解し，意見を尊重する。
③ 子ども自身が選択し，意思決定できる機会を保障し，支援する。

考　察

　まずは，子どもの背景を十分に把握したうえで，心のケアを含めた養育を行っていく。入所時には，施設生活の約束ごとや，保護者との面会・帰宅に関することなどを，子どもに丁寧にわかりやすく説明して不安を解消し，これからの生活に展望を持てるように支援する。

　父母と離れ，これまでの生活とは全く違う生活をするＡくんの気持ちをくみ取り，Ａくんのこれまでの生活習慣をできるだけ尊重し，徐々に望ましい生活習慣につながっていくよう，日々の繰り返しの生活を大切にする。

　Aくんが相談したり意見を述べたりしたいときに，相談方法や相談相手を選択できることを伝え，その環境を整える。その一方で，Aくんが信頼できる特定の存在が必要である。施設での生活は安全で安心できるところであることを繰り返し伝え，Aくんの心の声に耳を傾け，寄り添い，日々の生活の中で喜怒哀楽をともにしながら，信頼関係を構築していく。勤務交代のこともふまえて，職員同士の情報交換や連携，カンファレンスなども重要である。

　施設生活は，職員だけで構築しているのではない。子ども自身もまた，子ども集団を形成し，施設生活を構築している。ともに生活をしている子どもたち，また，これからともに生活をしていく子どもを，どのように皆で受け入れ，ともに生活していくのか，十分話し合い，日々つくり上げていく努力を行う。

▌演　　習　　　　　　　　　　　　　　　　　　　　　　　　　●

①　4〜6人程度のグループをつくる。

②　Ａ4判（4人の場合），Ｂ4判（5人の場合），Ａ3判（6人以上）の用紙を配付する。

③　グループの数に応じて，話し合う項目を決定する。

　項目例：• Aくんへの入所時の説明（児童養護施設の概要）

　　　　　• Aくんへの施設生活の約束ごとの説明

　　　　　• Aくんが相談したり意見を述べたりしやすい相談方法

　　　　　• Aくんの担当職員が心がけること

　　　　　• 施設で生活している他の子どもたちへの説明や配慮

　　　　　• Aくんへの対応における職員連携（カンファレンス）

④　話し合いを始め，適宜，配付された用紙に記録する。15分ほどしたら，グループのうちの1名が別のグループに移動して話し合いを継続する。

⑤　さらに5分後，先ほど移動してきた者を除く1名が別のグループに移動して，話し合いを継続する。

⑥　メンバーの人数に応じて，全員が1回は移動するまで続ける（3分でも可）。

⑦　記録された用紙を見ながら，意見をまとめ，発表する（15〜20分）。

演習のねらい

　グループ間の移動は，移動してきたメンバーに話し合いの経過を伝えることによってフィードバック効果がある。また，全員が意見を出す機会にもなる。これまでに学んだこと，理解したことを言語化することで，さらに理解が深まる。

　倫理綱領は，専門家としての行動規範である。事例以外にも，現場での実践場面での保育や支援のあり方を，倫理綱領に照らし合わせて考察を深め，専門職としての保育士の役割について理解する。

コラム　　　　　　タイガーマスクと園祭り

　2010（平成22）年12月に群馬県で始まった児童養護施設等への寄付行為，いわゆる「タイガーマスク運動」は，その翌年1月には全国すべての都道府県に広がりました。これによって，それまであまり顧みられることのなかった児童養護施設等の現状に社会の注目が集まり，同年，1979（昭和54）年以来となる直接処遇職員の定数が改正されました。

　当時，つまり2011（平成23）年の初め，筆者が保育実習の訪問指導のため児童養護施設を訪れると，入り口に，「伊達直人様，寄付をありがとうございます」と張り紙をしているところもあれば，「ランドセルは親が購入しますので，寄付は現金でお願いします」というところもありました。寄付行為そのものは歓迎すべきでしょう。しかし，21世紀の日本で，公的に運営されている児童養護施設が，ランドセルを買うお金にも窮していると考えられているとしたら，そこで暮らす子どもたちの心情は，あるいは職員の心情は一体どうなのかと考えさせられました。

　そうしたときに，児童養護施設出身の若者が，タイガーマスク運動について語るシンポジウムに参加しました。当事者の声は，施設をちゃんと知ってほしいという切実な願いでした。そして，聴講していた筆者が，縁のある施設職員の方と一緒になり，「実習をお願いします」とご挨拶したところ，「じゃあ，一度，ボランティアに来てください」と誘われたのでした。学生時代に，障害のある子どものキャンプなどのボランティアをしていたので，二つ返事で参加することにしました。それ以来，学生と一緒に参加する園の祭りも8年目となりました。毎年，職員と子どもによる手作りの道具（いただいて帰って，授業で紹介します）を使った，アイデアいっぱいのゲームをお手伝いするのですが，「今年はどんなゲームだろう」と楽しみにしています。小学生だった子が高校生になったり，毎年必ずゲームに挑戦する地域の子がいたり，参加し続けてわかることもたくさんあります。施設が地域によって支えられていて，地域も施設に支えられています。朝には緊張した面持ちの学生も，帰る頃には子どもとすっかり打ち解けますし，「ここで暮らしたい」とまでいう学生もいます。やはり，学生にとっては，現場を知ることが一番の学びです。

　一方，施設が小規模化し，園庭などの設備が変われば，こうした行事は維持しにくくなります。少人数の職員や子どもで，「家庭的な」行事を運営するにはどうすればよいか。これまで以上に，職員の技量や文化的背景が問われることになるでしょう。玄関に，誰かがランドセルを置いていくような「普通の家」は，本来ないはずです。児童養護施設が普通の家のようになるときが，タイガーマスク運動の目的が達成されるときなのかもしれません。

第2部

社会的養護の支援の計画と内容

　社会的養護は，何らかの理由で家庭生活を送ることが困難な子どもを公的に養育することであり，社会的責任を伴う。そのため社会的養護施設は，適切に管理された記録によって第三者による評価を受けなければならない。

　第2部では，そうした記録と評価に加え，入所前（アドミッションケア）から，入所中（インケア，リービングケア），さらに退所後（アフターケア）までを連続したものととらえ，子ども一人ひとりに合った計画の立案とそれに基づいた専門的な支援とはどのようなものかを学ぶ。

　また，障害児（者）施設で保育実習（施設）を行うところも増えているため，すべてのケア段階で，児童養護施設を中心とする養護系施設だけでなく，障害児入所施設の計画と内容も取り入れることにした。

　また，記録の書き方も，保育実習における記録の参考となるように工夫し，保育士に求められる内容に留意した。演習と併せ，実践してもらいたい。

第 4 章

社会的養護における支援の計画と記録および評価

1. アセスメントと自立支援計画の作成

　社会的養護施設は，子どもを養護するだけでなく，その自立を支援することを目的としており，具体的対応として自立支援計画の策定が義務づけられている。

　では，社会的養護の子どもにとっての自立とは何だろうか。社会に出て独り立ちすることだろうか。しかし，早期に家庭復帰する者，成人して就職する者，進学する者，進路が定まらず迷う者など，自立は十人十色であり，必要とする支援も違う。

　厚生労働省は，自立支援を「一人ひとりの児童が個性豊かでたくましく，思いやりのある人間として成長し，健全な社会人として自立した社会生活を営んでいけるよう，自主性や自発性，自ら判断し決定する力を育て，児童の特性と能力に応じて基本的生活習慣や社会生活技術（ソーシャルスキル），就労習慣と社会規範を身につけ，総合的な生活力が習得できるよう支援していくことである」[1]としている（傍点筆者）。しかし，これは過剰な要求であり，非現実的と言わざるを得ない。

　一方，全国自立援助ホーム協議会は，社会的養護の子どもに「必要なのは指導でも，お世話でも，管理でもありません。先ずはそのままの姿（中略）を認め，受け入れることから始まります。そして，やる気になるのを，意欲的になるのを，目標がもてるようになるのを待ちます。決断するまで待ちます。そして決断したことを尊重します」としている。さらに，「上手くいかないことや，躓(つまず)くことがでてきます。しかし，人は失敗したり誤った体験をしながら成長していきます」[2]と続ける。大人への不信や独り立ちへの不安を抱えた子どもの自立支援には，まず，あるがままの姿を受け入れ，基本的信頼感を育むことが重要である。

＊1　児童記録票
　生年月日など基本事項に加え，相談の経過，家庭状況，医学・行動・心理診断の結果などが記され，援助の方針の基礎的資料となる。

　そのために，児童相談所が入所時に作成する児童記録票＊1や，子どもとの面談や生活歴，家族の状況の理解など，子どもの生活全体から得られる情報をもとに的確なアセスメント（事前評価）を行って，子どもの前向きな力（ストレングス）を信頼し，失敗の中から成長できるような自立支援計画を作成しなければならない。

2. 社会的養護における記録

（1）記録の種類

1）社会的養護における記録と文体

　社会的養護は，児童福祉法をはじめとする各法に基づいた決定や手続きに従って，子どもを養育し退所後の支援を行うものであり，公費が用いられる。そのため，施設や里親は，子どもに関する記録を作成し，一定期間にわたり保管することが，社会的責任を果たすうえで必要とされる。記録には，前節で述べた児童記録票，子ども一人ひとりの成長発達を記した個別記録（ケース記録や育成記録），自立支援計画および個別支援計画（第5章に詳細）といった支援に直接かかわるものや，通知表や賞状など日々の子どもの活動から生ずるもの，一日の業務をまとめた業務日誌，ケースカンファレンス用の記録など多種多様なものがある。

　記録の文体には，次の3種類がある。①叙述体，②要約体，③説明体である。

　叙述体は，時間の経過に従って，起きた事実をそのまま記述する方法であり，最も基本的な文体である。家庭環境や就学状況だけでなく，子どもどうしや職員とのかかわりなども，記録者の解釈は書かずに客観的な事実のみを書く。面接場面でのやりとりを話したとおりに記録する「逐語記録」も，叙述体に含まれる。

　要約体とは，事実の中から重要な部分を集約したもので，叙述体を短くしたものではない。記録者が何を重要と考えるかによって，要約される部分が異なるため，援助の全体像や要点が何かを意識しておかなければならない。

　叙述体と要約体が事実を正確に記述する方法であるのに対して，説明体は，事実だけでなく，その事実の意味に解釈を加えて説明するものである。そのため，説明体の記録には，蓄積された情報や記録者の経験が反映される。

《叙述体の例》

> 　午後3時，学校からホームに戻ったA（小4）に，「今日のマラソン大会，何番だったの？」と聞くと，Aは，脱いだ手袋を投げ捨てながら「知らない。忘れた」と答えた。
> 　私は，近くにいたB（小4）に，「Bくんは何番だったの？」と聞くと，Bは笑いながら，「5番だったよ！」と答えた。
> 　私が，「5番？！　すごいね」と大きな声でほめると，Aが近寄ってきて，「僕も7番か8番だった」と言い直した。

《要約体の例》

> 　A（小4）に，マラソン大会の順位を尋ねたところ，「知らない。忘れた」と答えていたが，B（小4）が，「5番だった」と答えたのでほめると，Aが「7番

か8番だった」と言い直してきた。

《説明体の例》

　学校から戻ったA（小4）に，マラソン大会の順位を尋ねたところ，あまりいい結果ではなかったのか，「知らない。忘れた」とそれ以上聞いてほしくないという投げやりな態度を取った。

　続いて，運動が得意なB（小4）にも順位を尋ねると，うれしそうに「5番だ」と答えた。それを私がほめると，自分もほめられたいと思ったのか，Aが近寄ってきて，「7番か8番だった」と答えた。

　事実かどうかの判断がつかなかったが，ほめられたいという気持ちを受けとめることにし，笑顔を向けて「7番か8番！　すごいね」と声をかけた。

2）マッピング技法

　マッピング技法は，当事者を中心にしてさまざまな人や社会資源を線や記号を使って図式化する記録方法である。ジェノグラム（genogram）とエコマップ（ecomap）がその代表的なものである。

　ジェノグラムは，generation（世代）gram（図）の略語で，「家族関係図」とも呼ばれる。原則として，当事者を中心に三世代にわたって家族関係を図にしている。性別，結婚・離婚，死亡など客観的な事実に基づいて，生活上の重大な出来事を視覚的に素早く把握できる利点がある。

　エコマップは，ecological（生態）map（地図）の略語で，「生態地図」とも呼ばれる。中心に家族の状況を記し，その周りに家族に関係のある社会資源を配置して，互いの関係性や及ぼす影響を図にしたものである。葛藤やストレス，親密さなど主観的な事実も記され，キーパーソンを探ったり，サポート・ネットワークを構築したり，社会資源をアセスメントしたりすることができる利点がある。ジェノグラムとエコマップは，用途に合わせて使い分けるものということができよう。

　図4-1，図4-2には，ジェノグラムとエコマップの実際を紹介している。

（2）記録作成の留意点

1）情報共有と成長の振り返り

　記録作成というと，保育士を目指す学生の中には，難しいものと考えて身構える者もいるかもしれない。しかし，記録は，決して難解な表現を書き連ねればいいというわけではなく，むしろ簡潔な文章で，事実に即して書くほうがよい。

　前項に挙げた三つの文体を例にとると，叙述体は，子どもの話す内容を逐語記録にすることで，言葉遣いや態度の原因，前向きな反応など，支援のポイントをつかむことができる。しかし，分量が多くなり，業務日誌などには不向きであろう。他

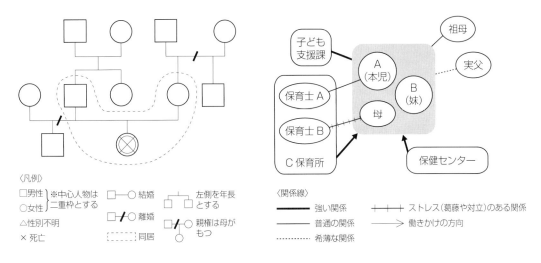

〈凡例〉

□男性　※中心人物は二重枠とする
○女性
△性別不明
× 死亡

□—○ 結婚
□/○ 離婚
□⋯○ 同居

左側を年長とする
親権は母がもつ

図4-1　ジェノグラムの作成例

〈関係線〉

―――― 強い関係
―――― 普通の関係
⋯⋯⋯ 希薄な関係

＋＋＋ ストレス（葛藤や対立）のある関係
――→ 働きかけの方向

図4-2　エコマップの作成例

方，説明体は，事実をもとに主観を交えながら記録することで，カンファレンス記録や実習記録では援助を行った意図を明らかにすることができる。記録の種類に応じて書き分けることが望ましいが，まずは事実に即して簡潔に書くことである。

また，施設職員は，交代勤務であるため，互いの情報を共有しなければ，必要な支援が行えない。「Dくんは熱があるようで，しんどそうだった」では，引き継いだ職員は，症状が改善されているのか悪化しているのか判断できない。「Dくん，37.6℃，倦怠感あり」と事実を簡潔に記録することで，子どもにかかわる全ての職員が，次に何をすればよいか判断できる。情報をきちんと引き継ぐことが大切であり，記録は常に他者に読まれることを意識してわかりやすい表現にする。

そのためには，5W1H，つまり「When（いつ）」「Where（どこで）」「Who（誰が）」「What（何を）」「Why（なぜ）」「How（どのように）」を活用することである。例えば，AくんとBくんとC職員のように複数の登場人物がいる場合に，発言の順番がはっきりしなかったり，誰が話しているのかわからなかったり，結果がわからなかったりすると読みにくい。そこで，5W1Hの順序を決めて同じように各文を書くだけでも，ずいぶんと読みやすい文章となるだろう。

さらに，記録は，子どもの成長や発達に肯定的な影響力を持つ。写真や家族とのつながりに関するものは，それが入所前のものであれ，入所後のものであれ，自分の生い立ちを考えるうえで重要な記録となる。近年，子どもが，出生からの出来事やかかわりのある人について知ることは，過去を受け入れ，未来へと進みはじめる支援になるといわれ，ライフストーリーワーク[*2]が注目されている。

児童養護施設運営指針（厚生労働省雇用均等・児童家庭局通知）にも，「子ども一人一人の成長の記録を整理し，自由に見ることができるように個人が保管，必要に応じて職員と共に振り返る」と定められている。そのため，記録には，問題行動は

*2　ライフストーリーワーク

社会的養護の下で養育される子どもが，生い立ちを知り，受け入れ，人生を選択していく作業。イギリスでは，法律によって義務づけられている。

かりが記載されることがないように,「生まれてきてよかった」「大切にされている」と感じられるような,積極的なエピソードなども記録するように努めるべきである。例えば被虐待児が,虐待の記憶を原因として再現行動をとったときに,「暴力」「感情の爆発」ととらえるか,「虐待からの回復に必要なプロセス」ととらえるかでは,記載される内容が大きく違ってくる。

2) 職員の専門性と秘密保持

記録は,職員の専門性を高めることにつながる。よい記録を書くためには,子どもをしっかりと見て,数多くの出来事から必要な情報を適切に選び取り,わかりやすく記述しなければならない。これは,コミュニケーションを図るうえでも同様であるため,記録を充実させることは日々の援助の充実にもつながる。

さらに,施設の生活単位の小規模化が進み,一人で子どもに対応する時間も増えている。そうなると,自らが行う援助をリアルタイムで他の職員に見てもらえない,という状況も起こりやすくなる。ベテラン職員が勤務している時間帯には落ち着いているのに,経験の浅い職員が勤務している時間には問題行動が頻発したり,年齢の近い職員に相談が集中したり,対応が正しかったのかなど支援に迷ったりすることもあるだろう。よりよい援助のために,他の職員から助言を得たり指導を受けたりするためには,記録をもとに状況を再現しながら,援助を振り返って検証しなければならない。

また,過去の記録によって,子どもや自らを別の角度から客観的に振り返ることもできる。つまり,記録を通して,援助者は,自らの知識や技術,適性や態度(行動パターン)を自覚することができるのであり,援助者として自分に何が必要であるのかを見極めることができるのである。

記録作成における最後の留意点は,記録の適切な管理である。「児童養護施設運営指針」をはじめとした各施設の運営指針では,「子どもや保護者等に関する記録の管理について,規定を定めるなど管理体制を確立し,適切に管理を行う。記録の管理について個人情報保護と情報開示の観点から,研修を実施する。守秘義務の順守を職員に周知する」と定められており,記録の取り扱いには注意を払うように求められている。

また,保育士は,「正当な理由がなく,その業務に関して知り得た人の秘密を漏らしてはならない」(児童福祉法第18条の22)と定められており,秘密保持義務を負っている。近年では,OA化*3が進んで,記録をコンピュータ(以下PC)で入力・管理するところもある。手書きの記録をコピーしなくても,あるいはPCの記録データをプリントアウトしなくても確認できるため,情報が漏れたりなくなったりするリスクも減らすことができる。

ケース記録など個別性の高い記録の場合,子どものいるところで作成することは不適切である。そのため,記録の作成は勤務時間外となることも多く,PCでの入力・作成は,作業の効率化にはよいが,一方で,データを個人が施設外に持ち出したり,

*3 OA化
Office Automationの略。1970年代後半に普及した概念で,コンピュータ技術を利用して事務作業を電子化,自動化,効率化すること。現在では,インターネットの普及によってIT化といわれることが多い。

複製したり，紛失したり，消去したりしないような管理の仕組みを作る必要がある。SNS 上への流出などを含め，記録の管理・運営には，次々と登場する技術に対応して記録の管理を行わなければならない。

3. 社会的養護における評価

（1）施設の自己評価と第三者評価の受審義務化

1）受審義務化の背景

社会福祉法第 78 条において，社会福祉事業の経営者は，「自らその提供する福祉サービスの質の評価を行うことその他の措置を講ずることにより，常に福祉サービスを受ける者の立場に立って良質かつ適切な福祉サービスを提供するよう努めなければならない」と定められている。第三者評価は，この努力義務を支援する仕組みであり，事業者や利用者以外の中立的立場にある第三者機関が，基本方針や組織運営，サービス提供体制の整備等を評価することである。

福祉サービスの第三者評価は施設が任意で受審する制度であったが，社会的養護関係施設（乳児院，児童養護施設，母子生活支援施設，児童心理治療施設，児童自立支援施設）においては，2012（平成 24）年度から，3 年に一度以上，第三者評価を受審し，その結果を公表することが義務づけられた。子どもが施設を選ぶ仕組みでない措置制度等（母子生活支援施設は申し込み）であり，被虐待児等が増加し，施設運営の質の向上が必要であるためである。

評価は，全国推進組織（全国社会福祉協議会）から認証を受けた第三者評価機関によって行われ，評価結果は，全国推進組織および都道府県推進組織に提出され，全国推進組織がその結果を公表する。

2）評価基準と自己評価

第三者評価基準は，共通評価基準（介護や障害など全施設共通の 45 の基準）と内容評価基準（各施設種別ごとに策定できる基準）に分かれており，概ね 3 年ごとに見直しを行うことになっている。2018（平成 30）年の見直しでは，内容評価基準が，児童養護施設（41 項目→25 項目），乳児院（22 項目→23 項目），児童心理治療施設（42 項目→20 項目），児童自立支援施設（41 項目→27 項目），母子生活支援施設（28 項目→27 項目）と項目が整理され判断基準等も見直された。

また，第三者評価の受審は 3 年に一度であるが，自己評価は毎年行わなければならない。自己評価の結果をもとに，第三者評価を受審するからである。さらに，社会的養護関係施設にのみ，利用者調査（小学 4 年生以上の入所児童全員へのアンケート調査）が義務づけられている。

児童養護施設独自の評価基準である内容評価基準と，乳児院の自己評価チェックリストの一部を以下に紹介する（表 4-1，表 4-2）。

表4-1	児童養護施設　内容評価基準

A－1　子どもの権利擁護，最善の利益に向けた養育・支援

A－1－（3）生い立ちを振り返る取組

A③　A－1－（3）－①　子どもの発達状況に応じ，職員と一緒に生い立ちを振り返る取組を行っている。

【判断基準】

a）子どもの発達状況に応じ，職員と一緒に生い立ちを振り返る取組を行っている。

b）子どもの発達状況に応じ，職員と一緒に生い立ちを振り返る取組を行っているが，フォローなど十分でない。

c）子どもの発達状況に応じ，職員と一緒に生い立ちを振り返る取組を行っていない。

評価の着眼点

□子どもの発達状況等に応じて，適切に事実を伝えようと努めている。

□事実を伝える場合には，個別の事情に応じて慎重に対応している。

□伝え方や内容などについて職員会議等で確認し，職員間で共有している。

□事実を伝えた後，子どもの変容などを十分把握するとともに，適切なフォローを行っている。

□子ども一人ひとりに成長の記録（アルバム等）が用意され，空白が生じないように写真等の記録の収集・整理に努めている。

□成長の過程を必要に応じて職員と一緒に振り返り，子どもの生い立ちの整理に繋がっている。

（出典）全国社会福祉協議会：社会的養護関係施設第三者評価基準，2018

表4-2	自己評価シートの様式例（乳児院）

①	33　子どもの満足の向上を目的とする仕組みを整備し，取組を行っている。
	□子どもとの日々の関わりのなかで，子どもの満足を把握するように努めている。
	□職員等が，保護者等とのコミュニケーションを可能な範囲で図り，定期的に保護者等の満足を把握している。
	□把握した子どもの満足を集約する担当者等の設置や，把握した結果を分析・検討するために検討会議の設置等が行われている。
	□分析・検討の結果にもとづいて具体的な改善を行っている。

（出典）全国社会福祉協議会：自己評価シートの様式例　乳児院，2015

■引用文献■

1）厚生労働省児童家庭局家庭福祉課：児童自立支援ハンドブック，1998

2）全国自立援助ホーム協議会ホームページ：自立援助ホームとは

演習❹ ジェノグラムとエコマップを用いた グループワーク

■ グループの設定

1 グループの人数は 4 ～ 6 人で，グループをつくる。

■ ジェノグラムとエコマップの作成

① まず，Ａ４判あるいはＢ５判用紙を 2 枚用意し，1 枚をジェノグラム，もう 1 枚をエコマップとする（枠線の入った裏表 1 枚のワークシートを配付してもよい）。

② 自分の家族のジェノグラムを作成する（5 分）。架空でもかまわない。

③ メンバーそれぞれが作成したジェノグラムを回覧し，記述間違い（例えば兄と弟が左右逆になっていたり，年齢が記載されていなかったりなど）を相互チェックする（グループ人数 ×1 分）。

④ ジェノグラムを参考にしながら，「私の学校生活」と題したエコマップを作成する。まず，学校生活を送るうえで重要な役割を果たしているキーパーソンを決め（自分以外の人物や組織。例えば家族や担当教員，サークルの友人，アルバイト先の先輩やボランティア団体など），自分だけがわかるようにしておく（5 分）。

⑤ 自分と学校を中心に，周りにさまざまな社会資源を配置していく。ルールは，最低五つ以上は社会資源を記入すること，ストレス線を最低二つ以上は作成すること，働きかけの方向など丁寧に書くことなどである（15～20 分）。

■ グループワーク

順番を決めて，エコマップを 1 枚ずつメンバー全員で確認し，キーパーソンを当てていく（グループ人数 ×3 分）。

【作成とグループワークのヒント】

• エコマップは，途中で関係線の強弱など以外は，大幅な書き直しは行わないほうがよい。変化していくことが前提であるから，後からどんどん付け足せばよい。時間を見ながら書き終わるようにしよう。

• キーパーソンは，ストレス線で結ばれた人物や組織でもかまわない。現在はストレス関係にあるが，その相手と関係が改善すれば学校生活に大きな影響を及ぼす場合にはキーパーソンとなり得る。

• 50～60 分を想定しているが，実施時間が短い場合は，③を回覧ではなく一斉に実施する，最後のグループワークを一人だけ選んで行うなど，時間を調整する。

• ジェノグラムで家族関係を知られることに抵抗がある場合は，無理強いせず，作成のポイントがつかめるように協力する。

第5章 施設入所と個別支援計画（アドミッションケア）

1. 社会的養護施設への入所と個別支援計画

(1) 子どもおよび家庭の理解

1) 養護問題発生理由と保護者の問題

　社会的養護施設への入所に至る主な養護問題発生理由は，表5－1のとおりである。この養護問題発生理由の中でも一般的に虐待とみなされるものが，多くの施設で3割を超えている状況にある。こうした虐待を含め社会的養護施設に入所に至る理由をみてみると，多くは子ども本人ではなく，保護者や家族全体の理由であることがわかる。また，問題は一つの理由だけではなく複数の要因が絡み合い展開していくことが多い。さらに，着目されるのは「破産等の経済的理由」であり，子どもの貧困問題を背景に今後ますます増えることが予想される。

　社会的養護問題は，特殊な家庭の問題ではなく多くの家庭が何らかの出来事を契機に，いつでも直面することになり得ることを理解しておかなければならない。

表5-1　児童福祉施設への入所に至る主な養護問題		
施設種別等	主な養護問題発生理由と割合	虐待的な理由の割合 ※
里親委託	「養育拒否」16.5% 「父又は母の死亡」11.4%	37.4%
児童養護施設	「父又は母の虐待・酷使」18.1% 「父又は母の放任・怠だ」14.7%	37.9%
乳児院	「父又は母の精神疾患等」22.2% 「父又は母の放任・怠だ」11.1%	27.1%
情緒障害児短期治療施設 （児童心理治療施設）	「父又は母の虐待・酷使」30.4% 「父又は母の精神疾患等」15.2%	50.0%
児童自立支援施設	「父又は母の放任・怠だ」20.7% 「父又は母の虐待・酷使」16.8%	41.7%
ファミリーホーム	「父又は母の虐待・酷使」15.8% 「父又は母の放任・怠だ」11.7%	38.4%
自立援助ホーム	「父又は母の虐待・酷使」21.3% 「児童の問題による監護困難」19.7%	35.6%

※「放任・怠だ」「虐待・酷使」「棄児」「養育拒否」を合計した割合

（資料）厚生労働省：平成25年度児童養護施設入所児童等調査結果，2015

2) 子どもの抱える問題

　子どもが社会的養護施設への入所に至る理由のうち,「児童の問題による監護困難」についても増加傾向にある。その要因として,近年社会的養護を必要とする子どもにおいては,障害を有している子どもが増加していることが挙げられる。児童養護施設では28.5％の子どもが,身体障害,知的障害や自閉症スペクトラム障害[*1]などの広汎性発達障害[*2]やADHD（注意欠如多動性障害），LD（学習障害）などの発達障害のいずれかを有している。ともするとこの障害による養育の難しさが,子ども虐待の一つの要因として考えることもでき,養護問題をより複雑化,深刻化させている。

　このように,社会的養護施設では非行や暴力,不登校傾向など病気や障害も含め多様なニーズを持った子どもたちが施設種別の枠を超え入所しており,施設がボーダレス化してきているということができる。虐待の影響による後遺症などに輪をかけて対応の難しい子どもが増え,より専門的な支援が求められている。

　社会的養護問題は,養護問題発生理由の動向からも親の問題,親子関係など家族の問題,そして子どもの問題とその支援は多岐にわたってきていることが窺（うかが）える。

(2) 施設入所前後の支援

1) 施設入所の流れ

　子どもの家族は,養護問題に対してさまざまな過程を経て,問題解決のために「親子分離」という形で,子どもを施設へ入所させ代替養育を受けることになる。

　このような児童相談の主な相談機関として,都道府県および政令指定都市,児童相談所設置市に設置されている児童相談所がある。児童相談所には,保護者の死亡や行方不明,離婚,虐待,子どもの障害や非行問題などの相談が保護者や子ども本人,地域住民,関係機関などから寄せられている。また,児童相談所は地域のさまざまな機関と連携するとともに市町村の後方支援を行っており,高度な専門的知識や技術を要する対応,子ども虐待対応など司法への申立や,一時保護,施設への入所措置等を行っている。子どもの施設への入所措置は,調査や診断をもとに判定会議で処遇方針が決定され,施設に入所が依頼される。子どもは,一時保護所での保護を経て,処遇方針が決定された後,支援内容の説明を受け,新たな施設での生活に移行していくのである。

　入所依頼があった施設では,子どもの受け入れのグループ,担当者を決め,養護理由や入所に至るまでの経過を共有する。その後担当者が一時保護所などに面談に出向き,子どもの観察も兼ねて施設入所に向けての説明などのインテークを行う。その際子どもの不安軽減のために施設のパンフレットや生活の様子がわかる写真などを準備すると有効である。

　次に,保護者も同伴して施設見学を実施し,子どもに生活の場を見てもらい質問や要望などを聞く。その際同時に保護者にも施設の規則などの説明を行うとともに

*1　自閉症スペクトラム障害
　精神障害の診断と統計マニュアル第5版（DSM-5）上における,さまざまな神経発達症の分類である。

*2　広汎性発達障害
　社会性の獲得やコミュニケーション能力の獲得といった人間の基本的な機能の発達遅滞を特徴とする。

施設入所への不安や意向などを聞き取るようにする。大切なことは，親子がともに納得して施設生活を少しでも前向きに受け入れられるようにすることである。特に児童自立支援施設や児童心理治療施設などでは，入所の目的を子ども・保護者に対して明確に示して納得を得ておかなければ支援による十分な効果が得られにくい。事前のインテークにおいて動機づけやインフォームドコンセント*3 を入念に行うことが重要である。

＊3　インフォームド　コンセント

正しい情報を得た（伝えられた）上での合意を意味する概念。

2）アドミッションケア

インテークも含め施設入所決定後，施設入所に至るまでの子どもや保護者に対して行われる対応の過程をアドミッションケアという。それは，インテークのように子どもや保護者に直接働きかけるものだけではなく，子どもに関する情報を事前に児童相談所から収集したり，受け入れのための施設内，学校との事前協議など多岐にわたる。

まず，児童相談所の担当のケースワーカーは，支援方針の決定後親権者である保護者に施設入所の同意を取り付け，次いで子どもに説明し納得を得る。それをもって施設に入所依頼を行う。入所施設が決まればケースワーカーが留意すべきことは保護者，子どもともに新たな生活への不安や意向を聞き取り，施設に伝え十分に協議しておくことである。また，受け入れ施設がその不安にどのように配慮し，意向にどの程度添うことができるのかを丁寧に返答しておくことが大切である。さらに，ケースワーカーは施設生活を送るにあたり子どもが安心して生活できるように，子どもの権利について「子どもの権利ノート」*4 を活用し具体的な説明を行う。

＊4　子どもの権利　ノート

第2章2.（1）(p.21)を参照。

一方施設では，担当職員がインテークの際に聞き取った不安や意向もふまえつつ生活用品を揃え記名するなど，子どもが歓迎され自分の居場所と感じられるように準備を行う。また，グループの他の子どもたちに事前に新しく入所してくる子どものことを伝え，トラブルの防止に努めスムーズに生活に溶け込めるよう配慮することも大切である。さらに，施設内の全職員に子どもの入所を伝え，入所までの経過や入所理由なども含め子どもへの配慮について共有しておく。担当部署の職員においては，事前にケース会議を開き，ケース理解とさしあたっての子どもや保護者への支援について協議し確認しておくことが必要である。子どもの通う地域の幼稚園や小・中学校などにも入所前に必要な配慮について伝え調整をしておくことも欠かせない。

このように子どもの入所にあたっては，子どもが親と離れて暮らす寂しさや不安，そして子どもを施設に預ける親の罪悪感など，対応にあたるものには十分な理解と配慮が求められる。さらに，施設では入所までの状況をよく理解して切れ目ない支援を行うために担当の部署の職員だけでなく，全職員が適切な対応ができるよう子どもの特性や性格なども含めたケース概要を理解しておく必要がある。

つまり，施設では，施設全体で子どもや保護者を受け入れる姿勢が求められ，担当職員の細やかな配慮と施設全体の大きな支援の枠組の中で，子どもや保護者は安心して施設での生活を受け入れ，新たなスタートを切ることができるのである。

（3）自立支援計画の作成

1）自立支援計画の内容

　子どもが施設に入所するにあたり，児童相談所から援助計画が示される。それを受けて施設では，入所数か月の間に自立支援計画を作成しなければならない。社会的養護施設における自立支援計画の作成は，「児童福祉施設の設備及び運営に関する基準」に定められており，各施設運営指針にも作成の手順が記されている。具体的には，総合的なアセスメント（事前評価）に基づきそれぞれの子どもの自立支援における到達目標を設定し，その目標を達成するための支援計画を立て自立支援を実施していくのである。自立支援計画作成の目的は，計画の文書化により支援内容や方法を明確化し，支援を計画的に実施すること，役割分担も明確にして計画の見直しを行うことにより支援の質が高められることにある。

　自立支援計画の構成内容は，表5－2のとおりである。基本事項に加えて，子ども本人，保護者および関係機関の意向や意見，児童相談所との協議内容，支援方針ならびに子ども本人，家庭，地域社会の三つの領域についてそれぞれ長期目標・短期目標を立てるような構成になっている。

2）自立支援計画の作成にあたっての留意事項

　計画の作成にあたっては，子ども本人や保護者の意向は当然であるが，関係する人や支援に関わる人々の考えもくみ取り作成しなければならない。また，子どものマイナス面ばかりに目を向け施設への適応だけを目指すのではなく，子どもの特長を活かしたエンパワメント*5の視点を持った支援を心がけることが大切である。さらに，子どもの抱えている課題は子ども自身の要因だけでなく，家庭や地域社会の要因も複雑に絡み合っている。したがって，さまざまな角度からアセスメントを行い，その内容に基づき個々の子どものニーズに見合った計画にしなければならない。

　まず，施設において計画の作成責任者を選任し，児童相談所からの入所前の情報やアセスメントの内容もふまえ，担当者だけでなくケース会議で合議して作成することになる。支援内容は保護者と子どもの理解できる目標が設定され，計画は施設職員全体に共有され養育と支援が統合されたものとなるよう取り組まれる。

　具体的には，①子どもの生活の連続性の重視，②子どもの行動上の問題が単一の要因によって生じるのではなく，多数の要因によって生ずるということの理解，③子どもの不適応行動の発達的な理解と適応行動の獲得への考慮，④計画的（長期的・短期的）で細分化された見通しを持った実現可能な計画，⑤子どもの活用できる資源の活用，⑥子どもが自己肯定感を高められるような自己目標の立案，などに留意すべきである。

　また，自立支援計画は推進期間を経て成果について評価・再アセスメントとともに見直しをしなければならない。子どもは絶え間なく成長・発達し，保護者の状況も変化する。課題や支援内容の進捗を確認し，ケース会議を開催し情報を共有して，見直しを行うことになる。

*5　エンパワメント
　自分自身の力で問題や課題を解決していくための社会的技術や能力を獲得すること。

表5-2　自立支援計画票（記入例）

施設名　児童養護施設□□　　　　　　　　　　作成者名

フリガナ 子ども氏名	ミライ　コウタ 未　来　幸　太	性別	○男 女	生年月日	○年　○月　○日 （　11歳）
フリガナ 保護者氏名	ミライ　リョウ 未　来　良	続柄	実父	作成年月日	×年　×月　×日

主たる問題	被虐待経験によるトラウマ・行動上の問題
本人の意向	母が自分の間違いを認め，謝りたいと言っていると聞いて，母に対する嫌な気持ちは持っているが，確かめてみてもよいという気持ちもある。早く家庭復帰をし，出身学校に通いたい。
保護者の意向	母親としては，自分のこれまで行ってきた言動に対し，不適切なものであったことを認識し，改善しようと意欲がでてきており，息子に謝り，関係の回復・改善を望んでいる。
市町村・学校・保育所・職場などの意見	出身学校としては，定期的な訪問などにより，家庭を含めて支援をしていきたい。
児童相談所との協議内容	入所後の経過（3か月間）をみると，本児も施設生活に適応し始めており，自分の問題性についても認識し，改善しようと取り組んでいる。母親も，児童相談所の援助活動を積極的に受け入れ取り組んでおり，少しずつではあるが改善がみられるため，通信などを活用しつつ親子関係の調整を図る。

【支援方針】　本児の行動上の問題の改善およびトラウマからの回復を図るとともに，父親の養育参加などによる母親の養育ストレスを軽減しつつ養育方法について体得できるよう指導を行い，その上で家族の再統合を図る。

第○回　支援計画の策定および評価　　　　次期検討時期：　　△年　　△月

子 ど も 本 人

【長期目標】　盗みなどの問題性の改善およびトラウマからの回復

	支援上の問題	支援目標	支援内容・方法	評　価 （内容・期日）
【短期目標（優先的重点的課題）】	被虐待体験やいじめられ体験により，人間に対する不信感や恐怖感が強い。	職員等との関係性を深め，人間に対する信頼感の獲得をめざす。トラウマ性の体験に起因する不信感や恐怖感の軽減を図る。	定期的に職員と一緒に取り組む作業などをつくり，関係性の構築を図る。心理療法における虐待体験の修正。	年　月　日
	自己イメージが低く，コミュニケーションがうまくとれず，対人ストレスが蓄積すると，行動上の問題を起こす。	得意なスポーツ活動などを通して自己肯定感を育む。また，行動上の問題に至った心理的な状態の理解を促す。	少年野球チームの主力選手として活動する場を設ける。問題の発生時には認知や感情の丁寧な振り返りをする。	年　月　日
		他児に対して表現する機会を与え，対人コミュニケーション機能を高める。	グループ場面を活用し，声かけなど最上級生として他児への働きかけなどに取り組ませる。	年　月　日
	自分がどのような状況になると，行動上の問題が発生するのか，その力動が十分に認識できていない。	自分の行動上の問題の発生経過について認知や感情などの理解を深める。また，虐待経験との関連を理解する。	施設内での行動上の問題の発生場面状況について考えられるよう，丁寧にサポートする。	年　月　日

（資料）児童自立支援計画研究会編：子ども自立支援計画ガイドライン，2005

家 庭 （ 養 育 者 ・ 家 族 ）			

【長期目標】 母親と本児との関係性の改善を図るとともに，父親，母親との協働による養育機能の再生・強化を図る。また，母親が本児との関係でどのような心理状態になり，それが虐待の開始，および悪化にどのように結びついたのかを理解できるようにする。

	支援上の問題	支援目標	支援内容・方法	評 価 （内容・期日）
【短期目標（優先的重点的課題）】	母親の虐待行為に対する認識は深まりつつあるが，抑制技術を体得できていない。本児に対する認知や感情について十分に認識できていない。	自分の行動が子どもに与える（与えた）影響について理解し，虐待行為を回避・抑制する技術を獲得する。本児の成育歴を振り返りながら，そのときの心理状態を理解する。そうした心理と虐待との関連を認識する。	児童相談所における個人面接の実施（月2回程度）。	年　月　日
	思春期の児童への養育技術（ペアレンティング）が十分に身に付いていない。	思春期児童に対する養育技術を獲得する。	これまで継続してきたペアレンティング教室への参加（隔週）。	年　月　日
	父親の役割が重要であるが，指示させたことは行うもののその意識は十分ではない。	キーパーソンとしての自覚を持たせ，家族調整や養育への参加意欲を高める。母親の心理状態に対する理解を深め，母親への心理的なサポーターとしての役割を果たすことができる。	週末には可能な限り帰宅し，本人への面会や家庭における養育支援を行う。児童相談所での個人および夫婦面接（月1回程度）。	年　月　日
				年　月　日

地 域 （ 保 育 所 ・ 学 校 等 ）			

【長期目標】 定期的かつ必要に応じて支援できるネットワークの形成（学校，教育委員会，主任児童委員，訪問支援員，警察，民間団体，活動サークルなど）

	支援上の問題	支援目標	支援内容・方法	評 価 （内容・期日）
【短期目標】	サークルなどへの参加はするようになるものの，近所とのつきあいなどはなかなかできず，孤立ぎみ。	ネットワークによる支援により，つきあう範囲の拡充を図る。	主任児童委員が開催しているスポーツサークルや学校のPTA活動への参加による地域との関係づくり。	年　月　日
	学校との関係性が希薄になりつつある。	出身学校の担任などと本人との関係性を維持，強化。	定期的な通信や面会などにより，交流を図る。	年　月　日

総　　　　　合			

【長期目標】 地域からのフォローアップが得られる体制のもとでの家族再統合もしくは家族機能の改善

	支援上の問題	支援目標	支援内容・方法	評 価 （内容・期日）
【短期目標】	母親と本人との関係が悪く，母子関係の調整・改善が必要。再統合が可能かどうかを見極める必要あり。	母子関係に着目するとともに，父親・妹を含めた家族全体の調整を図る。	個々の達成目標を設け，適宜モニタリングしながら，その達成に向けた支援を行う。	年　月　日
			通信などを活用した本人と母親との関係調整を図る。	年　月　日

【特記事項】 通信については開始する。面会については通信の状況を見つつ判断する。

<table>
<tr><td>演習❺-1</td><td>施設入所に向けての不安に対する支援</td></tr>
</table>

> Cくん（10歳・男子）は，5歳のときに両親が離婚して母子家庭となり，母親と二人で生活をしてきた。母親は，パートで朝早くから夜遅くまで二つの仕事をかけもちしていた。生活はいつも苦しく，朝食はパンと牛乳だけ，夕食はコンビニのおにぎりだった。最近母親の夜の仕事が会社の倒産でなくなり，生活は一層苦しくなり，学校の給食費も払えなくなった。Cくんは，担任からお金を催促されるのが嫌で学校に行かなくなってしまった。
>
> しばらくして担任と母親が話し合って児童相談所へ相談に行き，Cくんは一時保護所で保護された。そして，やがて児童養護施設に入所することが決まった。
>
> ところがCくんは，施設に行くことを拒否して母親の家に帰りたいと頑なに施設に入所することを拒み続けている。話をよく聞くと，母親のことが心配なことと施設がどんなところかよくわからないので不安だと打ち明けた。できれば家に帰って，生活が苦しくても母親と暮らしたいと訴えてくる。

▌支援の視点

① 施設への入所を拒否しているCくんに対してどのような支援ができるか。

② 母親と離れて暮らすことへの寂しさや，今後の不安に対してどのような支援をしなければならないか。

③ 施設へ入所することの不安を軽減するためにどのような支援をするべきか。

▌考　　察

児童相談所のケースワーカーは，母親の今後の生活の見通しについて，生活を立て直してまた一緒に暮らしていくことができるという展望を示すことが必要である。

また，施設に入所後も母親との通信や面会，一時帰宅もできることも伝え，決して会えなくなることはないことを理解させなければならない。そして，Cくんが学校に行けない状態，母親の仕事が忙しく一人で過ごしている状態であることに対して，勉強や運動をすることの大切さも伝える。

次に，施設の職員に面談に来てもらい，施設での生活の説明をしてもらう。具体的なイメージを持てるようにするとともに，他の子どもや職員との関係について不安なことがあれば確認をする。さらに，母親と施設に実際に見学に行き，施設の環境や居室の様子を直接見てもらい，生活をするにあたっての要望や不安を伝えておくようにする。

ケースワーカーは，面談や見学に並行して「子どもの権利ノート」を活用し，施設生活で守られる権利についてわかりやすく説明をしておく。

演　　習

① 4〜6人程度のグループをつくる。

② Ａ4判（4人の場合），Ｂ4判（5人の場合），Ａ3判（6人以上）の用紙を配付する。

③ グループの数に応じて，話し合う項目を決定する。

　項目例：• 母親に対しての思い（引き取り，面会，一時帰宅）

　　　　　• 施設生活への不安（集団生活，いじめ，自由）

　　　　　• 施設生活への展望（勉強，運動，習い事，行事）

　　　　　• 職員との関係（愛着，信頼，回復，甘え，依存）

　　　　　• 子ども同士の関係（仲間，支え合い，グループワーク）

　　　　　• 母親の思い（入所，面会・帰宅，生活の立て直し）

　　　　　• 家族再統合（親支援，ファミリーソーシャルワーク）

④ 話し合いを始め，適宜，配付された用紙に記録する。15分ほどしたら，グループのうちの1名が別のグループに移動して話し合いを継続する。

⑤ さらに5分後，先ほど移動してきた者を除く1名が別のグループに移動して話し合いを継続する。

⑥ メンバーの人数に応じて，全員が1回は移動するまで続ける（3分でも可）。

⑦ 記録された用紙を見ながら，意見をまとめる。

演習のねらい

　グループ間を移動することで，グループをつくり直す手間や時間の無駄を省きながら，多くの項目での話し合いの機会が得られる。また，移動してくるメンバーに残りのメンバーが話し合いの経過を伝えることによってフィードバックが行われる。さらに，移動することで全員が意見を出す機会も得られる。

　事前説明に10分，グループワークに30〜35分（4人の場合），意見のまとめに10〜15分と，全体で1時間程度を想定している。

　子どもの権利ノート，各施設のパンフレット，子育て支援（放課後児童クラブ），こども食堂，生活保護，母子寡婦福祉制度，家族再統合ガイドラインなどについて資料を配付したり，次回への課題にしたりすることで，さらに議論を深めることができる。

2. 障害児入所施設への入所と個別支援計画

（1）子どもおよび家庭の理解

　2015（平成27）年現在，内閣府によると知的に障害のある子どもの数は全国で159,000人，そのうち施設入所者数は7,000人である。知的障害児施設は，かつて全国に350か所以上存在したが，1977（昭和52）年をピークに減少し，「平成27年社会福祉施設等調査」（厚生労働省）によると2015（平成27）年10月現在，福祉型障害児入所施設267か所，医療型障害児入所施設200か所となっている[6]。

　子ども自身に関する問題としては，教育を受ける権利と生活の場の問題が挙げられる。1979（昭和54）年に養護学校が義務教育化されるまでは，重度重複障害児に関しては就学免除，就学猶予として在宅での生活をしていた。教育を受ける権利が保障されていないが，当時まさに障害者総合支援法の原点である家族と（地域で）の生活が実現していたととらえることもできる。

　しかし，養護学校（現・特別支援学校）の義務化により，知的障害児施設数は減少していく。理由としては，通学による家族への体力的，経済的，精神的な負担の軽減，加えて学校による療育により本人の成長度合いが大きく前進し，在宅での生活スキルも向上したことなどが挙げられるだろう。また，障害への理解や在宅で受けられるサービスが充実したことも障害児入所施設数減少の理由である。

　しかしながら，在宅生活では，常時，父母あるいは祖父母と生活空間を共有しており，育児や支援による疲労の蓄積は避けられず，それによりささいな子どもの言動を理由とした虐待などが起こっていたことも推測される。

　幼少時は，在宅でのトラブルが起こっても制止できたが，やがて小学校低学年，高学年，中学生，高校生となるにつれて，成長して体も大きくなり，それとともに腕力もついてくるため，特に男子に関しては，本人が幼少時と同じ状況で問題行動を起こした場合，力加減ができずに家の中を大きく破損させたり物を壊したり，場合によっては家族に対して大けがを負わせたりするなどの問題が出現する。

　行動の問題が顕著な場合には，施設入所となる以前にいわゆる強度行動障害の診断が下りるほど障害の重度化が進んでしまい，そこで初めて公的な機関に相談となり，入所に至ることとなる。

　一方，保護者の問題としては，子どもが成長するにつれて行動の問題が重度化し，そのことに対して体罰や言動による威圧をしつけと称して与えることがあるなど，子どもへの不適切なかかわりが生じる可能性もある。子ども本人は，理解力の不足から暴力や威圧に対する敵対心を増幅させ，いずれ迎える力関係の逆転をきっかけに，家族への他害が助長されることになるなど，負のかかわりが積み重ねられて，気がつくと家族崩壊の一歩手前，あるいは家族崩壊に至ってしまう。

　児童養護施設では，2016（平成28）年現在，特別な理由がない限り18歳で退所

*6　児童福祉法の改正により，2012（平成24）年4月より施設種別が変更となった（序章 p.6 参照）。
　福祉型障害児入所施設＝旧知的障害児施設。
　医療型障害児入所施設＝旧自閉症施設，肢体不自由児施設，重症心身障害児施設。

しなければならないが，障害児入所施設の場合は18歳になって自立することは難しい子どももいるため，原則として18歳までであるものの，結果的に利用（在園）の延長ということになる。そのため，障害児入所施設と看板を掲げているものの，大半が18歳以上の障害者支援施設と同様であるというのが現実である。

（2）施設入所前後の支援

1）施設入所の流れ

施設への入所を希望する場合は，児童相談所に入所の相談を行い，障害児入所給付費の支給申請を行う。児童相談所は，それに基づいて，障害の種類や程度の把握のために調査を行ったうえで，支給の要否やサービス量等を決定する。入所する施設を決めるために，保護者とともに事前の見学を行ったり，ショートステイ（短期入所）を利用したりする場合もある。

支給が決定すると「入所受給者証」が交付され，その受給者証を持参して，子どもおよび家族は施設と入所契約を結ぶ。その際，施設は，入所に至るまでの当該施設利用の経験の有無，当該施設の短期入所利用の有無，日中一時支援の利用の有無，他機関施設利用の有無，利用時期は最近なのか，数年あるいは10年以上前なのか，顔見知りの職員はいるのか，顔見知りの利用者がいるのかなどにより，本人の施設に対する不安感には大きな差ができるので，できるだけ把握をする。

障害の程度や種類によっても，対応がかなり異なる。例えばダウン症の子どもは比較的コミュニケーションがとりやすく，施設内の案内などがスムーズに運ぶケースが多い。しかし，他の入所児からの刺激でパニックを誘発する可能性のある行動障害の激しい子どもや，こだわりを多く持つ発達障害の子どもに関しては，施設案内をする所要時間や説明の仕方によっては，時間が長引いてしまうと耐えられない，人の集まっているホールなどにぎやかなところが耐えられないということもあり得る。そのため，場合によっては入所直後に本人の居室へ案内して落ち着いてもらい，数日から数週間経過し職員や雰囲気になじんできた様子が確認できた頃に声をかけてみて施設内を案内するということもある。

また，逆に何度か利用の経験があるのであれば，初日から抵抗なくスムーズに集団生活に溶け込める子どももいる。子どもが中度障害や軽度障害の場合，注意をしなければならないのは，すぐに施設生活に慣れてしまい，入所中の他の子どもたちに対して言動が激しくなってきたり，あれこれよけいな指示をしたり，暴力を振るったりと，トラブルメーカーとなりうることである。

初めての施設利用で中度や軽度障害の多くは，しばらくなかなか本来の自分を出せず，徐々に試し行動[7]や気を引く行動をしたりしながら，施設生活に溶け込んでいくという形が多い。

＊7 試し行動
自分をどの程度まで受け止めてくれるのか探るために，保護者や周りの大人などに対してわざと困らせるようなことをする行動。

2）アドミッションケア

　施設入所にあたり，最初にフェイスシートの作成をしなければならない。フェイスシートとは本人の基本情報で，本名，性別，生年月日，住所にはじまり家族の情報，障害の種類，障害者手帳の番号等である。いつ記入した情報かわかるように年月日をしっかり記載し，必要に応じて更新していかなければならない。また，家族の状態が母子家庭あるいは父子家庭，親に知的障害があるなど，情報を得るのが難しい場合もあるので，可能であれば，あらかじめ子どもの関係していた児童相談所，福祉事務所，支援学校や保育所などから情報が得られるように協力を願い，できる限り情報を集めておくことが大切である。近年，個人情報については慎重に取り扱われていて，情報が得られにくいことも多い。難しい場合は，子どもへのよりよい支援のため，直接関係機関へ出向き閲覧だけでもさせてもらう等の努力が必要である。もちろん，閲覧する場合でも個人情報を扱うことになるので，情報がもれることのないよう注意するのは言うまでもない。

　また，障害の種類や程度により，子どもや家族への説明方法，説明時間なども十分に余裕を持って行わなければならない。入所に至る経緯や状況によっても異なるが，施設入所直後は，できるだけ子どもに安心感を与えるような対応が必要である。担当者も，できれば担任に加えて主任など，子どもや家族に対し安心感や信頼感を

表5-3　アセスメントシートの内容
①生活基盤に関する領域 　経済環境（保護者の経済状況，お小遣い等本人の必要とする費用等を準備できる環境かどうか），住環境（アパートなのか持ち家なのか，本人の住んでいた居室や間取り等）など
②健康に関する領域 　服薬管理（本人自身で管理可能か），食事管理（食べこぼし，支援の必要の有無，嗜好），病気への留意（アレルギー，てんかん，アトピー等），体力など
③日常生活に関する領域 　寝返り，起き上がり，衣類の着脱，整容行為，排泄行為，入浴行為，ベッドへの移乗，屋内移動，調理，後片付け，洗濯，掃除，整理整頓，買い物等について支援の有無と程度など
④コミュニケーションスキルに関する領域 　意思表示の手段（言葉，筆談，手話），意思伝達の程度，他者からの意思伝達の理解，電話の使用，パソコンの使用など
⑤社会生活技能に関する領域 　対人関係（人により態度を変える，ほぼ良好，甘えるなど），屋外移動（単独で外出可能，信号機の見分け困難など），金銭管理（金銭価値理解可能か難しいかなど）など
⑥社会参加に関する領域 　レクリエーション，趣味（絵やゲーム，乗り物など）など
⑦教育就労に関する領域 　就労先あるいは登校先（特別支援学校や通常学級への登校が可能かなど）
⑧家族支援に関する領域 　家族の状況，実態（一時帰宅可能な状況か，家族の健康状態はどうかなど）

与えられるようなベテラン職員も付き添うのが好ましい。子どもへのコミュニケーションについては，家族からの聞き取りを参考に，障害の種類，程度を考慮のうえ無理のない状態で子どもが施設に慣れてもらうよう心がけなければならない。

また，今後の個別支援計画にも関係するため，家族構成，生まれてから現在までの子どもの様子や基本的生活習慣，生活スキル，社会スキル，コミュニケーションスキルなどのアセスメントシート（表5 - 3）を作成し，できるだけ把握する。

アセスメントシートは，子どものニーズに合った個別支援計画を作成し，支援をより的確に行う台帳のようなものである。子どもにとって必要とされるもの，家族やきょうだい，学校の担任やクラスメイト，生活環境にはじまり，子どもの気持ち，夢や希望，興味・関心，ポジティブな面，ネガティブな面，課題などさまざまな側面に関するものを，子ども，その家族，本人を取り巻く人々からの聞き取り等による情報の収集，支援を行う人々の間での会議ケース記録などを通して把握する。もちろん障害者手帳判定内容，主たる障害と重複障害の有無，発作の有無，アレルギーの有無，てんかんの有無，服薬状況なども忘れずに把握をする。

（3）個別支援計画の作成

1）個別支援計画の内容

フェイスシートやアセスメントシートなどをもとに，子ども，家族，職員，作成者であるサービス管理責任者が集まって個別支援計画を作成するが，何よりも個別支援計画は，時間がかかるとしても，達成可能な目標を掲げなければならない。本人や家族の話を一方的に聞き取り，支援目標を並べて実現可能かどうかも判断せず，本人や家族が喜ぶことを並べて安易に完成ということでは，絵に描いた餅になってしまう。

子どもの思い，家族の思い，フェイスシートやアセスメントシートから読み取れる具体的な支援到達可能内容と優先順位を明確にして，本人と家族への説明を行うことになる。

そのため，内容は同じだが，子どもが理解できるように漢字に読み仮名をふったり，写真や挿絵を使用した子ども用の個別支援計画も必要となる。場合によってはスマートフォンを利用した動画を活用するなど，さまざまな工夫をすることが大切である。

表5 - 4には個別支援計画の例を示したが，以下のような項目について記入していくことになる。

a）ストレングス

「ストレングス[8]」には，利用者のポジティブな面からの見通しを立て，「○○することは難しい」や「○○することが不可能」ではなく「○○することは可能」や「○○を使用すると実施が可能」のように肯定形で記入することが重要である。

*8 **ストレングス**
　自分で問題解決する力のこと。

b）利用者の状態像・利用者のニーズ

「利用者の状態像」には，本人の健康面や精神面の状況や服薬の状況などを整理して記入する。また，「利用者のニーズ」には，何を利用者は求めているのか，どのようにありたいのかを記入し，利用者の意思表示が難しい場合は，家族に意見を求め，どのようにあってほしいのかなどを具体的にわかりやすく記入する。

c）長期目標・短期目標

「長期目標」には，すぐに達成できる目標ではなく，1年あるいは1年以上かけて到達できる目標を掲げる。もちろん，到達が可能と思われる目標であることが大事である。これに対して，「短期目標」には，比較的到達しやすい目標を掲げ，半年ごとのモニタリングで結果を出せたかどうか評価できるような内容を掲げる。

d）個別支援内容・支援にあたっての留意事項

「個別支援内容」には，フェイスシート，アセスメントシート，本人からの聞き取り，家族からの聞き取りなどを集約し個別支援内容を決定する。また，「支援にあたっての留意事項」には，個別支援内容に向かって支援していく中で，性急になることなく，到達に失敗しないよう注意事項を盛り込んでおく。

2）個別支援計画の作成にあたっての留意事項

個別支援計画をもとに支援が開始されるわけだが，一度個別支援計画を作成して支援は完結するのではなく，作成以降，何度も何度も見直しを重ね，より本人にとってスキルアップできる形を目指すことになる。個別支援計画は半年ごとに短期目標，長期目標などの内容を吟味，見直しがなされ，必要に応じて支援内容の見直し，変更，修正されていく形をとる。

支援目標に到達できそうであれば，より一層到達できるレベルを上げ，あるいは思っていたより目標到達が難しければ，少し到達レベルを低くし，より目標到達の可能性を上げていかなくてはならない。

表5-4 個別支援計画書

作成日　　　　年　　月　　日

ふりがな	やまだ　　たろう	男・女	生年月日	年　　月　　日（　　歳）
利用者氏名	山田　　太郎			
担当職員名	○○○○○○○○	サービス管理責任者	△△△△△△△△△	
ストレングス	自分の意思を言葉で伝えることができる。一人遊びが得意である。気の合う相手とは職員も含め打ち解け，日常的な会話をしてすごすことができる（ここでは本人のネガティブ面ではなく，ポジティブ面から記入を行う）。			
利用者の状態像	統合失調症。投薬に関して父親より厳しく指導されたため，服薬へのこだわりが強く，朝の服薬で調子を崩すと1日の生活すべてに影響をきたし，その日1日が本人にとってつらいものとなってしまう（現在の状況を記入する）。			
利用者のニーズ	毎日を楽しく過ごしたい。楽しく話せる相手を増やしたい。1人遊びの時間をもう少し持ちたい。			
長期目標	楽しく話せる相手を増やしたい。	短期目標	1人遊びの時間をもう少し持ちたい。	
達成時期	1年	達成時期	6か月	
個別支援内容	人とのかかわり方を学ぶ：相手との話の始め方，言葉遣い，やり取り等コミュニケーションの方法を職員や利用者とともに時間をつくって，人の認め方も含めかかわり方を身につけていく。			
支援にあたっての留意事項	一度相手と打ち解けない状態になると，その後引きずる形となるので，最初はいわゆる気の合う利用者などとの会話から始め，話の輪に入る利用者を少しずつ加えていき気がつくと数名でコミュニケーションが取れた状態になっているように心がける。			
年　　月　　日		本人サイン		

演習❺-2 入所に至る家族・本人・児童相談所の意向

　Dさん（16歳）は，中度精神発達遅滞で外見からは知的障害があるとは判断できない女子である。母親は離婚を繰り返し，それぞれ父親の異なる兄と姉と弟との４人きょうだいである。複雑な家庭ゆえに母親が愛情を十分に注ぐことが難しく，母親と口論が絶えず，何度も無断外出や万引き，外泊などが続いている。

　児童相談所は，ネグレクトまたは心理的虐待として扱ってよいものか思案中である。

　母親は前向きにDさんへ接する努力はしているのだが，Dさんが事あるごとに母親へ悪態をつき，それを受けて母親も応戦する形でやり取りが激化，収拾がつかなくなるという事態の繰り返しである。児童相談所としては，しばらく二人に冷却期間を設けるために，障害児入所施設への短期入所利用を計画している。しかし，母親は，働きながらの生活でDさんとの折り合いの悪さから疲労が蓄積し施設入所させたいと感じており，児童相談所にも相談している。

　児童相談所は，短期入所も回数を増やしてしまうと施設入所と変わらないため，母親とDさんとの心の距離が離れてしまうのを懸念，短期入所で現状を修復後，最終的に在宅支援を中心として，宿泊のない日中一時支援や放課後デイサービスとして施設を使いたい意向であり，母親とは意見を異にしている。

　児童相談所から短期入所利用を勧められるも，母親は，Dさんとのトラブルが相変わらず多く長期入所利用を希望していたが，最終的に短期入所利用を了解した。

　しかし，当初，数週間の予定で短期入所したにもかかわらず，入所後，母親の行方がわからなくなり，血縁関係のない父親が，短期入所終了後の本人の面倒を見る形となるため，再び児童相談所で会議を開く予定である。

支援の視点

① 契約入所となるのか措置入所となるのか考慮する。

② もし母親の行方がわからないまま，長期にわたる入所となり施設で18歳の誕生日を迎える場合，進路としてどのようなものが考えられるか。

③ 長期にわたる入所となり，正月帰宅，夏休み帰宅や週末帰宅に際して留意することは何か。

考　　察

　入所にあたっては，利用契約を原則とするが，保護者が不在であったり，精神疾患等であったり，保護者の虐待等により利用契約の締結が困難な場合や，家庭環境の問題によって，家庭から引き離さなければ子どもの成長に重大な影響を与えると判断された場合は，措置入所とすることもできるが，今回の場合はどのように考えるべきであろうか。

　また，かつて障害児・者のケース記録等では，本人のADL（身辺自立の状況）を

表現するときに「○○ができない」などと否定型で問題点の記載がされていた。しかし，障害者自立支援法を機に，障害者は，視点を変えることでさまざまなことに挑戦でき得るとして，肯定型の表現を用いて前向きにとらえる形となった。

　例えば，食事に際して，「お箸を使うことができないため，多くの介助が必要」と記していたのが，「スプーンを使うことができ，湯呑も工夫して使うことでより自立度向上に期待が持てる」と肯定形に表現することで，説明される本人も家族も前向きにとらえることができるようになる。

　しかし一方で，20年以上にわたって児童虐待相談対応件数が増え続けており，子どもの障害を理由とする虐待もあるため，虐待予防への取り組みや，虐待の早期発見，早期対応が行われるよう，関係機関の支援や連携が求められる。

▌演　習 ●

① 　6〜8人程度のグループをつくる

② 　A3判用紙をグループに1枚，A4判用紙を2人に1枚の割合で配付する。

③ 　リーダーとサブリーダーを決め，話し合う項目を決定する。

　項目例：• 措置と契約の違いについて

　　　　　• 障害者のできることを肯定的にとらえ，就職先にどんな選択肢があるか

　　　　　• 障害者はなぜ虐待にあいやすいのか

④ 　リーダーは検討事項を2人一組として振り分け，30分ほど時間を与える。

⑤ 　30分経過したところで，検討項目を各組ごとに発表し，リーダーとサブリーダーがまとめ，A3判用紙に記録していく。

第6章 社会的養護施設による日常生活支援（インケア）

1. 施設の日常生活

（1）施設入所前後の生活

　施設で生活する子どもたちは，入所前に不適切な養育環境で生活をしてきたために，生活のリズムが確立されていないことが多い。朝起きてから夜寝るまでの基本的な生活習慣，例えば毎朝決まった時間に起きる，着替えをして洗面をする，食事をして学校に行くなどの「当たり前」の生活を送っておらず，昼夜逆転の不規則な生活習慣を身につけてしまった子どももいる（表6 - 1）。

表6-1　児童養護施設入所前と入所後の生活の例

	入所前の生活	入所後の生活
朝	● 朝，起きることができず，学校に遅刻する，登校できない。 ● 朝食，弁当がない。 ● 洗面や，着替えの習慣がなく，着の身着のままの状態である。 ● 洗濯をしていない服が山積みになっており，衣替えなど季節にあった衣類の整理ができていない。	● 職員による起床や，洗面の声かけがあり，登校への支援がある。 ● 毎日，洗濯された季節に応じた清潔な衣類が準備されている。 ● 栄養バランスの計算された，子どもの嗜好にも配慮された食事が，三食用意されている。
昼	● 学校で必要なものが準備されていない。 ● 学習や，宿題をする習慣や支援がない。 ● 年下のきょうだいの世話をしなければならず，学校に行けない。 ● 夏休みなど，給食のないときは食事ができない。 ● けがや体調が悪くても，通院などの適切なケアを受けることができない。	● 学校への登校が保障され，必要な学用品の準備，クラブ活動への参加ができる。 ● 職員による個別の学習指導，中学生は学習塾を利用することができ，基礎学力の向上をめざすことができる。 ● 体調の悪いときは，通院をしたり病状に応じた特別食の準備があり，適切なケアを受けることができる。
夜	● 保護者が酒乱などで，虐待があり安心して過ごすことができない。 ● 保護者が不在で，子どもだけで生活。 ● 入浴ができず，不潔で疲れがとれない。 ● 寝具で睡眠することができない。 ● ゲーム，ネットサーフィンなどをして就寝時間が極端に遅い。	● 自由時間には，テレビを観たり，自分の趣味などを楽しみ，安心して余暇を楽しむことができる。 ● 毎日入浴し，リラックスし，清潔な状態を維持できる。 ● 清潔な自分の寝具で，ゆっくりと睡眠をとることができる。

　施設では，基本的な生活習慣の習得のために，起床と朝食，そして学校などの日中活動を行い，下校後には宿題，夕食，入浴などを経て，十分な睡眠時間を確保することで，規則正しい生活リズムを獲得していけるように支援をしている。そのため，ほとんどの施設では日課（タイムスケジュール：表6−2）や，ルールを設定し，子どもたちは，それに基づいて生活をしている。

　しかし，職員が作った一律の日課やルールで子どもを管理し，それを守らせることばかりを重視すると，子どもの主体性や自律性が育ちにくい。つまり，子どもが「なぜこの時間にこんなことをするのか」，「このルールにはどんな意味があるのか」といったことを考えることなく一日を過ごしてしまい，自立支援につながらないのである。

　そこで近年は，子どもと職員が自治会[*1]などで話し合い，個々の子どもの年齢や課題に合わせて，柔軟に日課やルールを設定している施設も増えてきている。例えば，社会自立を控えた子どもには，自分で生活のタイムスケジュールを立てさせて，生活をさせてみるなどである。そうすると，夜更かしをして，朝起きることができずに学校に遅刻したり，お小遣いを使いすぎてしまったりするなど，失敗を経験することもある。しかし，子どもは失敗をもとに自分自身で考えて，修正することで真の基本生活習慣や自律心が身についていくのである。このように，失敗ができる，許される環境の保障が必要である。

*1　自治会
第9章（p.101）参照。

表6-2　施設の日課（タイムスケジュール）の例

時　　　間	幼児　平日	学童（小中高生）平日	学童（小中高生）休日
7：00	起床・洗面	起床・洗面	
7：20	朝食	朝食	起床・洗面
8：00	歯磨き・幼稚園児登園	登校準備・登校	朝食
10：00	おやつ・自由保育		
12：00	昼食		昼食
13：00	午睡（おひるね）		自由時間・余暇活動
15：00	幼稚園児降園・おやつ	小学生下校・学習	外出
16：00	自由遊び	中学生下校	
18：00	夕食	夕食	夕食
19：00	入浴	入浴・自由時間	入浴・自由時間
20：30	就寝	就寝準備	就寝準備
21：00		小学生就寝	小学生就寝
22：00		中高生学習	中高生学習
23：00		中高生就寝	中高生就寝

　当然ながら，このような取り組みは，職員が子どもを放置するということではなく，課題に寄り添い，ともに歩むという姿勢や，これまでの規則正しい生活の積み重ねに基づいた支援が求められる。

＊2　全国児童養護施設協議会
　児童養護事業の発展と向上を目指し，児童福祉を推進するために全国的な連絡調整，事業に関する調査・研究・協議を行うことを目的とした組織。各都道府県・指定都市社会福祉協議会より推薦された児童養護施設の代表者および学識経験者等の協議員により構成される。

　全国児童養護施設協議会＊2では，施設入所について「子どもが，保護者やおとなの都合で児童福祉施設に入所することは，保護者を離れ法的には都道府県知事・政令市市長の『公的責任下』に入ることを意味している」と定義している。

　つまりインケアとは，公的な権限を有する都道府県知事や政令市市長から委託された児童相談所長の措置により，子どもが社会的養護の施設で受ける生活援助支援を指すととらえることができる。そのため，ここでは施設で衣食住の基本的生活習慣を確立することや，学習・治療的支援を受けることなど，施設における日常生活支援をインケアとする[1]。

　インケアは，日常生活全般の支援であり，「児童養護施設運営指針」では，以下のように規定されている。

《インケアで展開されるケア内容》

① 養育・支援の基本
○子どもの存在そのものを認め，子どもが表出する感情や言動をしっかり受け止め，子どもを理解する。
○基本的欲求の充足が，子どもとともに日常生活を構築することを通してなされるよう養育・支援する。
○子どもの力を信じて見守るという姿勢を大切にし，子どもが自ら判断し行動することを保障する。
○発達段階に応じた学びの場や遊びの場を保障する。
○秩序ある生活を通して，基本的生活習慣を確立するとともに，社会常識および社会規範，様々な生活技術が習得できるよう養育・支援する。
② 食生活
○食事は，団らんの場でもあり，おいしく楽しみながら食事ができるように工夫する。
○子どもの嗜好や健康状態に配慮した食事を提供する。
○子どもの発達段階に応じて食習慣を身につけることができるよう食育を推進する。
③ 衣生活
○衣類は清潔で，体に合い，季節にあったものを提供する。
○子どもが衣習慣を習得し，衣服を通じて適切に自己表現できるように支援する。
④ 住生活
○居室等施設全体がきれいに整美されているようにする。
○子ども一人一人の居場所が確保され，安全，安心を感じる場所となるようにする。
⑤ 健康と安全
○発達段階に応じ，身体の健康（清潔，病気，事故等）について自己管理ができるよう支援する。
○医療機関と連携して一人一人の子どもに対する心身の健康を管理するとともに，異常がある場合は適切に対応する。
⑥ 性に関する教育
○子どもの年齢・発達段階に応じて，異性を尊重し思いやりの心を育てるよう，性につ

いての正しい知識を得る機会を設ける。

⑦ 自己領域の確保

○でき得る限り他児との共有物をなくし，個人所有とする。

○成長の記録（アルバム）が整理され，成長の過程を振り返ることができるようにする。

⑧ 主体性，自律性を尊重した日常生活

○日常生活のあり方について，子ども自身が自分たちの問題として主体的に考えるよう支援する。

○主体的に余暇を過ごすことができるよう支援する。

○子どもの発達段階に応じて，金銭の管理や使い方など経済観念が身につくよう支援する。

⑨ 学習・進学支援，就労支援

○学習環境の整備を行い，学力に応じた学習支援を行う。

○「最善の利益」にかなった進路の自己決定ができるよう支援する。

○職場実習や職場体験の機会を通して，社会経験の拡大に取り組む。

⑩ 行動上の問題及び問題状況への対応

○子どもが暴力，不適応行動などを行った場合に，行動上の問題及び問題状況に適切に対応する。

○施設内の子ども間の暴力，いじめ，差別などが生じないよう施設全体で取り組む。

○虐待を受けた子ども等，保護者からの強引な引き取りの可能性がある場合，施設内で安全が確保されるよう努める。

⑪ 心理的ケア

○心理的ケアが必要な子どもに対して心理的な支援を行う。

（出典）厚生労働省雇用均等・児童家庭局長通知「児童養護施設運営指針」（平成 24 年 3 月 29 日）

2. 基本的生活習慣の確立

（1）衣 食 住

　一般的に基本的生活とは，睡眠，食事，排泄，身体の清潔，衣類の着脱，その他挨拶，後片付け，約束や時間を守るといったことを指す。それは，安全で，清潔な生活環境のもとで，毎日の規則正しい生活の積み重ねの支援によってその確立が保障される。また，基本的生活習慣を確立するための支援にあたっては，子どもの年齢や発達特性，家庭の背景，文化などによって，子どもの個々の課題に合わせた方法となるよう考慮しなければならない。

　基本的生活習慣の確立は，生きることや成長することを支えるとともに，子どもが将来，社会人となり生活を営む場合や，結婚や出産などを経て親として子育てをする場合の準備として必要不可欠な事項といえる。

(2) 余暇活動

　余暇活動には，子ども自身が好きなものに取り組む活動と，施設全体の行事として取り組む活動がある。入所前の家庭では，きょうだいの面倒や家事の手伝いなど，自分の時間を持つことができなかった子どもが，入所後，自分の楽しみを見つけ，あるいは部活動などに参加することで，施設内の子どもや学校の友人とのかかわりを持ち，対人関係を学ぶとともに，将来にわたって心の支えとなる余暇活動に取り組むこともある。

　一方，施設全体の行事（表6-3）には，スポーツ大会や施設の祭りなど，集団で行うものが多い。集団生活における団結や協力，他者への配慮や成長の記録，地域社会とのつながりなど，施設の行事にはメリットも多い。

表6-3	児童養護施設の余暇活動と年間行事の例		
月	主な行事	月	主な行事
4月	入園式，小中高入学式 お花見会	10月	衣替え 秋祭り 幼稚園，小中学校運動会
5月	こどもの日の行事 ハイキング，外食 母の日	11月	七五三 地域交流行事 スポーツ大会
6月	衣替え バイキング食事 スポーツ大会 父の日	12月	クリスマス会 餅つき 大掃除 冬休み帰省
7月	七夕 学童，幼児海水浴キャンプ	1月	お正月，初詣 児童新年会
8月	中学生訓練キャンプ 盆踊り 夏休み帰省 進路勉強会 作品展	2月	節分 退所者同窓会 スポーツ大会
9月	お月見会 スポーツ大会	3月	卒園式，小中高卒業式 卒園，卒業をお祝いする会 ひな祭り 大掃除，居室替え 春休み帰省
毎月	お誕生日会，自治会活動，クラブ活動		

3. 治療的支援

　児童養護施設では，虐待を受けた子どもの入所が増えている。厚生労働省の「児童養護施設入所児童等調査」によると，2013（平成25）年2月1日現在，児童養護施設に入所している子どもの59.5％に被虐待経験があると報告されている。

　虐待を受けた子どもは，身体的な暴力によって生じる障害だけでなく，情緒や行動，自己認知・対人認知，性格形成など，非常に広範囲で深刻なダメージを受けていることが多い。虐待被害からくる影響は，ささいなことで激しい怒りの反応が出て暴力につながる，問題の解決に暴力を選択するなど，さまざまな形で現れる。

（1）心理療法による治療的支援

　そのような状況に対応するために，1999（平成11）年以降，臨床心理士などが児童養護施設にも配置されるようになり，2006（平成18）年には心理療法担当職員の常勤化に向けた予算措置化が図られ，子どもの治療的支援（心のケア）に重点が置かれるようになった。施設での心理療法は，遊戯療法（プレイセラピー）*3 が中心であり，子どもの年齢や発達段階に応じて箱庭療法*4 やカウンセリング*5 などの支援を行うこともある。

（2）直接支援職員による支援

　子どもたちの心のケアをするのは心理療法だけではない。日常生活における直接支援職員（保育士・児童指導員など）と子どもとの信頼関係を構築し，施設の生活の場が「安全で，安心して生活できる場所」と思える生活を確保することが，何よりも重要である。その必要性を，西澤は，「『安心できる生活』『安心できる場所』が確保されていなければ，生理的にも心理的にも安定した生活リズムが形成されず，子どもたちは慢性的な過覚醒状態に陥り，子どもは常に周囲を警戒し，『臨戦態勢』をとることになる。それがさまざまな感覚・感情の調整を困難にし，最終的にさまざまな精神科的症状や問題行動につながる」[2]と述べている。

　つまり，心理療法に取り組めていたとしても，日常生活での支援が適切でなければ，子どものこころのケアが進まないということである。直接支援職員による，愛情を持った粘り強い丁寧な支援こそが，愛着の形成につながり，安心感が生まれる。それが治療的支援の土台となるのである。

*3 遊戯療法（プレイセラピー）
　言葉ではなく，遊びの中で子どもに自由に表現させることでストレスを軽減させる心理療法。

*4 箱庭療法
　決められたサイズの箱の中に，子どもがおもちゃや人形を配置して，自分の成果を表現するもの。

*5 カウンセリング
　面接形式で子どもの話を傾聴し，共感することで子ども自身の成長・発達を促す援助手法。

■引用文献■
1）橋本好市，原田旬哉編：演習・保育と社会的養護内容，みらい，2014，p.60
2）西澤哲：子ども虐待と児童養護施設におけるケア（杉山登志郎編：講座子ども虐待への新たなケア），学研教育出版，2013，p.62

演習❻-1　緊急の入所で，施設の生活になじむことができない

Ｅさん（８歳・女子）の家庭は母子家庭であり，５歳と３歳の妹がいる。母は慢性的な精神疾患であり就労や，家事，子どもの養育をすることができず，家の中は衣服やゴミで足の踏み場もない状態であった。経済的にも厳しく，食事もとることができない日も多かった。Ｅさんは，妹や母の世話をしながら，家事全般をしていた。そのために，次第に小学校を休みがちになり，３か月ほど登校できない状態が続いた。小学校の教師が児童相談所に通告したために，地域担当のケースワーカーが家庭訪問し，Ｅさんたち姉妹の児童養護施設への入所をすすめたが，母のＥさんに対する依存が強く，入所の同意が得られず，後日，久しぶりに小学校に登校した際，児童相談所職権保護で緊急に児童養護施設に妹二人とともに入所した。

児童養護施設入所後，Ｅさんは他の子どもたちの集団になじめず，一人でいることが多く，母のことを心配する発言を繰り返し，妹のことが気になって何度も様子を見に行ったりしている。勉強がわからないという理由から，小学校に登校することを拒否している。他の子どもや，職員の声かけにも，無気力に返事を繰り返すのみである。

支援の視点

① Ｅさんの入所前の家庭での生活で，問題であったことは何か。それに対して，どんな支援が考えられるか。

② 緊急に施設に入所したＥさんの不安はどんなことか。その不安を解消し，施設で安心して，前向きに新しい生活に移行できるようにするために，どんな支援が考えられるか。

③ ネグレクト環境で生活してきたＥさんに対して，自立支援の視点から，基本的生活習慣を確立するために必要な支援は何か。

考　　察

職員は，急に住み慣れた家や，保護者のもとを離れて新しい環境で生活することになった子どもに対して，現在抱えている不安をどうすれば軽減できるのかということを考察し，施設での新しい環境に移行していくように支援する必要がある。緊急入所という状況を考え，本来伝えるべきことを伝えることができていない可能性があるのか，児童相談所などの関係機関と協議し，整理をしていく必要がある。

また，Ｅさんの入所前の生活状況が，母や妹の世話を引き受けてのものであったために，施設に入所することで，本来ならば学校へ登校したり，他の子どもたちと遊んだり，余暇活動を楽しむなど学年相応の子どもらしい安心した生活を送るべきであるが，そのような生活ができない原因を考えるべきである。

さらに，友達と遊んだり，学習をするなどの余裕が全くなかったＥさんに対して，

職員や，他の子どもたちとの人間関係をつくるために，どのような取り組みを行うべきか考察し，実行していく必要がある。

　職員は，Eさんの生活を観察して，基本的生活習慣が身についていることと，身についていないことを把握する必要がある。それが原因で，施設や学校などの新しい環境への移行の不安につながっている可能性もあるために，十分に時間をかけて分析し，丁寧に伝えていく必要がある。

▌演　　習

① 4〜6人程度のグループをつくる。

② 記録用の用紙を配付する。

③ グループの数に応じて，話し合う項目を決定する。

　項目例：• アドミッションケア（保護者との分離，施設生活の説明，入所時に必要なケアなど）

　　　　　• 入所後の母や，妹とのかかわり方（情報の伝達，電話や手紙などの通信，衣類などの持ち物，面会など）

　　　　　• 学習支援（登校支援，補充学習，個別学習など）

　　　　　• 人間関係（職員，他の子ども，学校など）

　　　　　• 基本的生活習慣（衣食住，排泄，睡眠など）

④ 話し合いを始め，適宜，配付された用紙に記入する。15分ほどしたら，グループの1名が別のグループに移動して話し合いを継続する。

⑤ さらに5分後，先ほど移動してきた者を除く1名が別のグループに移動して話し合いを継続する。

⑥ メンバーの人数に応じて，全員が1回は移動するまで続ける（3分でも可）。

⑦ 記録された用紙を見ながら，意見をまとめる。

演習のねらい

　グループ間を移動することで，グループをつくり直す手間や時間を省きながら，多くの項目での話し合いの機会が得られる。また，移動してくるメンバーに残りのメンバーが話し合いの経過を伝えることによってフィードバックが行われる。移動することで，全員が意見を出す機会もつくられる。

　事前の説明に10分，グループワークに30〜35分（4人の場合），意見のまとめに10〜15分と，全体で1時間程度を想定している。

演習⑥-2　問題が行動化しており，治療が必要な子ども

　中学２年生のＦさん（14歳・女子）は，小学校５年生のときに母と継父からの重篤な身体的虐待により，児童相談所に保護され，児童養護施設に入所した。Ｆさんには２歳上の兄がいるが，兄には虐待行為はなく在宅で生活している。入所後，家族との交流はない。

　Ｆさんは，職員や他の子どもに対して，自分が優位に立たないと気が済まず，際限のない暴言や，暴力で相手を支配しようするために，施設の子ども集団の中で孤立し，他の子どもたちはＦさんの様子をうかがい，最低限のかかわりしか持たない状態である。

　反面，自信がなく失敗をすることを極端に嫌がり，学習や，新しいことに挑戦することができない。次第に，地域の非行グループと関係を持ち，施設からの無断外出や，学校での授業を欠席するという行動がエスカレートしてきている。また，日課やルールをことごとく守らず，職員を挑発する行為も目立つ。

　Ｆさんは被害意識が強く，職員が他の子どもを注意したときにも，自分が注意されたと勘違いし，「どうして，自分だけ怒られないといけないの」と大声で叫ぶ行動も多い。

　施設内の心理療法担当職員による，カウンセリングなどの心理療法を週に１度受けているが，効果が感じられない状況である。担当保育士は，できる限りＦさんと個別にかかわり，信頼関係を構築しようと努力しているが，頻発するＦさんの問題行動の対応に疲弊している状態である。しかし，最近Ｆさんは担当保育士に少しずつではあるが，母や継父からの被虐待の状況を話すようになってきている。また，心理療法担当職員には，「今の自分がダメなことは，わかっている。でも，どうしたら変えることができるのかがわからない」と，葛藤していることを話している。

支援の視点

① 　虐待を受けてきた子どもへの，被虐待の影響はどんなものがあるのか。

② 　問題行動のある子どもに対して，軽減させていくための支援とは何か。

③ 　心理療法や，日常生活支援などで，虐待を受けた子どものこころのケアを行うために必要な支援は何か。

考　　察

　職員は，児童虐待が子どもに及ぼす影響を正しく理解し，問題が行動化して対応が困難になっている子どもに対しては，注意することや，叱らなければならないことは多くなるが，よい行動は見逃さず，すかさず褒めるなど，冷静さを持ち，適切に対応しなければならない。

　子どもの家庭での養育状況が，自尊感情や，人間関係を構築する方法，物事の考

え方のベースになることを理解し，職員は，子どもとの信頼関係を構築し，安定した安心できる関係づくりに努力をしなければならない。そのためには，丁寧なきめ細かい支援が必要である。

　心理治療担当職員による心理療法と，日常生活での直接処遇職員の生活のケアは，両方子どもの心のケアには必要なものである。その両者が十分に情報交換し，連携して子どもの心のケアに取り組むことにより，子どもの理解が深まり，より効果的な治療的支援ができることとなる。

■ 演　　習

① 　4〜6人程度のグループをつくる。

② 　記録用の用紙を配布する。

③ 　グループの数に応じて，話し合う項目を決定する。

　　項目例：• 児童虐待が，子どもの思考へ与える影響（支配的，自信のなさ，被害感
　　　　　　　の強さなど）

　　　　　 • 問題行動（暴言，暴力，無断外出，授業のエスケープなど）

　　　　　 • 人間関係（施設の子ども，学校の子ども，施設職員，教師など）

　　　　　 • 心理療法（方法，効果など）

　　　　　 • 直接処遇職員による生活支援（信頼関係，基本的生活習慣，日課・ルール，
　　　　　　　問題行動の対応，チームワークなど）

　　　　　 • 今後の支援（学習，進路，保護者など）

④ 　話し合いを始め，適宜，配付された用紙に記入する。15分ほどしたら，グループの1名が別のグループに移動して話し合いを継続する。

⑤ 　さらに5分後，先ほど移動してきた者を除く1名が別のグループに移動して話し合いを継続する。

⑥ 　メンバーの人数に応じて，全員が1回は移動するまで続ける（3分でも可）。

⑦ 　記録された用紙を見ながら，意見をまとめる。

演習のねらい

　グループ間を移動することで，グループをつくり直す手間や時間を省きながら，多くの項目での話し合いの機会が得られる。また，移動してくるメンバーに残りのメンバーが話し合いの経過を伝えることによってフィードバックが行われる。移動することで，全員が意見を出す機会もつくられる。

　事前の説明に10分，グループワークに30〜35分（4人の場合），意見のまとめに10〜15分と，全体で1時間程度を想定している。

　児童虐待，心理療法などの資料を配付したり，次回への課題にしたりすることで，さらに議論を深めることができる。

1. 施設の日常生活

*1　過齢児
　地域で自立した生活
を営むことが困難，あ
るいは障害者支援施設
への移行が確保できな
いため，学校教育を終
えた18歳以上となっ
ても利用している入所
者。

　障害児入所施設には，乳幼児と学齢期の児童・生徒，学齢期を過ぎたメンバー（成人を含む過齢児*1）が生活しており，それぞれに合わせた生活の流れに大別される（表7-1）。ここでは，知的障害のある子どもを中心とした入所施設を念頭に述べる。

　一日の生活の流れは以下に示すものがモデルとして挙げられるが，障害児入所施設には，異年齢のメンバーが生活しており，それぞれに合わせた生活の支援が行われている。

(1) 施設生活の一日の流れ（午前）

　起床は，朝，年齢に関係なく，ほぼ同時刻に行う。目覚ましで起きられる子どももいれば，職員が起こさなければならない子どももいる。居室の形態によっては入所している子ども同士が，お互いに起こし合うこともある。朝食までに更衣を済ませ，洗顔やトイレなどを済ませることになる。施設によっては，もっと早く起床し，ラジオ体操やジョギング，布団上げや掃除等を行うところもある。

　学齢期の子どもは登校時間があるため，7時頃に朝食となる。配膳・盛りつけを自分たちで行う施設もあるが，カウンターに用意されているものを自分たちの席に運んで，何人かのグループでとることが多い。盛りつけを子どもに行わせる場合は，一回の食事量に気を配る必要がある。盗食傾向のある子どもや介助の必要な子どもがいる場合は，職員が見守りや介助を行う。朝食後は歯を磨き，学校に持っていくものを確認し，時間まで施設内で過ごすことになる。

　朝食後，学齢期の子どもは徒歩または送迎バスで登校する。就労している過齢児や外部に作業や活動に出る人たちも，それぞれ出発する。乳幼児には保育や療育を提供し，施設に残る過齢児はプレイルームで過ごす。プレイルームで行う1週間のプログラムは概ね決まっており，職員の指示に従い12時（正午）まで作業や訓練活動をする。通院する子どもは，職員付き添いのもと病院に向かうことになる。

(2) 施設生活の一日の流れ（午後）

　12時（正午）過ぎに昼食となり，食べるのが遅い子どもから順に食べ始める。朝食と同様に，介助が必要な子どもにはそれぞれ職員が必要な支援を行う。

　午後は学齢期の子どもたちが帰ってくる15時頃までの間，洗濯物をたたんで，

| 表7-1 | 施設の日課（タイムスケジュール）の例 | | | |

時　　間	学童（小中高生）	過齢児	幼　　児	重複障害児
6：00	起床・健康チェック 排泄・布団上げ・洗面 （施設によってラジオ体操やマラソン等の体力づくり）			
6：30	更衣（施設によって温冷浴等で自律神経のバランスをとるプログラム）			
7：15	手洗い・配膳			
7：30	朝食・歯磨き （朝食は早く登校する子ども，食事に時間がかかる子どもから）			
8：00	掃除・制服着用・服装点検・学校準備・朝礼			
8：30	登校	出発	プレイルーム等で過ごす	
9：00	学校	施設外活動	施設内保育・療育等	通院・施設内活動
12：00			昼食・歯磨き	
15：00〜 16：00	下校・帰施設・おやつ・余暇・入浴（要介助児）			
17：00	手洗い・配膳・夕食・歯磨き			
18：00	入浴（幼児等）・健康チェック			
19：30	余暇時間・学習指導・係活動・入浴（中高生等）・更衣・洗面・布団敷き			
20：00	集会（夕礼）・反省会			
21：00	就寝準備	就寝（低年齢児）		
22：00	就寝（中高生，過齢児等）			

それぞれの部屋に持っていき，思い思いに過ごしたり，専門職やボランティアがかかわるプログラムに参加するなどして過ごしている。

　学齢期の子どもは，帰ってくると，体操服などの洗濯物を出したり，水筒や弁当を厨房に出したりしたのち，おやつをとる。また部屋で宿題をして過ごす子どももみられる。夕方には早めの入浴（介助が必要な子どもであることが多い）をしたりテレビを見たり，プレイルームでゲームをするなどして，夕食までの時間を他の子どもや職員とかかわりながら過ごしている。

　夕食後は自由時間となり，プレイルームで過ごしたり，同性介助での入浴や個浴，服薬や整容，居室で過ごすなどしている。

　年齢によるが，22時頃までに概ね全員が就寝する。夜間は職員が巡室し，夜尿症で起こすことが必要な子どもやおむつ交換が必要な子どもを見回っている。

　週末には親元に帰る子どもがいたり，親が面会に施設を訪問したりする場合もある。親と一緒に過ごすことは，子どもにとって重要であるが，必ずしも全員が親と過ごせるわけではないので，施設に残る子どもが参加するイベントをプログラムとして実施するなど，一時帰宅に配慮したかかわりが必要になる。

2. 基本的生活習慣の確立

（1）基本的生活習慣

　基本的生活習慣とは，「さまざまな生活習慣のうちで，食事，睡眠，排泄，清潔，衣服の着脱等の基本的習慣」[1]や「生理的生活に関する食事，睡眠，排泄の三つの基本的生活習慣に加えて，更衣，清潔の二つを加えた五つ」[2]などとされている。基本的生活習慣が確立するということは，これらの行為が概ね自分でコントロールできる，実行できるようになっていく，ということを意味し，自立に向けた一歩となることが期待されている。

　2016（平成28）年の「中央教育審議会初等中等教育分科会教育課程部会幼児教育部会とりまとめ」では，「幼児期の終わりまでに育ってほしい姿の整理イメージ」（資料2）として，「健康な心と体」の項目に，次のような基本的生活習慣に関連することが挙げられている。

> ・様々な機会を通して食べ物への興味や関心を持ち，皆で食べると美味しく，楽しいという経験を積み重ね，和やかな雰囲気の中で話し合ったり打ち解けたりして親しく進んで食べるようになる。
> ・衣服の着脱，食事，排泄などの生活に必要な活動の必要性が分かり，自分の力で行うために思い巡らしたり判断しようとしたり工夫したりなどして意欲や自信を持って自分でするようになる。
> ・幼稚園における生活の仕方を身に付け，集団での生活や場の使い方などの状況を予測して準備し片付けたりなどして，自分たちの生活に必要な行動に見通しを持って自立的に取り組むようになる。

（2）基本的生活習慣の確立に向けたかかわり

　障害児入所施設における基本的生活習慣の確立として，先に挙げた食事・睡眠・排泄・清潔・更衣に，家計・余暇活動の二つを加え，七つ挙げることとする。

1）食　生　活

　食事は，献立を考え，調理し，箸やスプーンを使って，楽しく，見た目もおいしそうに食べることや，食後に食器を片づける等の一連の行為である。

　食事の支援は，スプーンやフォークから補助箸，箸へと握力や指先に力を適切に入れるようになるタイミングを見ながら実施する。また席に座り，食事中は遊ばないよう職員が見守り，遊びが続くと介助または食事を終えるなど，メリハリの大切さを認識できるように支援する。食べこぼしやペースが遅い子どもの中には，親による食事介助が習慣化している子どももいるが，自力摂取が身につかないため，介助ではなく，言葉をかけて食事を促す支援が行われている。

　調理は予算を決め（家計とも関連する），メニューや栄養バランスを考え，調理する体験を増やすことが必要となる。簡単な調理のための買い物に行くこと等から始め，楽しみながらグループで食事をつくって食べる，という体験を積み重ねていく。中にはアレルギーやカロリー制限等がある子どももおり，それらに配慮した食事を考えることが必要となるため，職員の支援を受けながら進めることが必要である。

2）睡　　　眠

　睡眠は，脳と身体を休め，身体の発達を促し，ストレスを軽減するなど，生活に欠かせない重要な行為である。睡眠不足になると，肥満リスクの増大や精神的な不安定さ，認知能力の遅れがみられたりするという指摘がある。

　障害児入所施設では，年齢によって就寝時間が決められていることが多い。幼い子どもほど，睡眠時間の確保が重要になり，学齢期でも身体への悪影響を考慮して，適切な睡眠時間が確保できるよう支援している。睡眠時間のほかに，夜尿症に対する予防策や支援も必要となる。就寝前のトイレへの言葉かけや夜間の巡室で気になる子どもの状況確認をし，夜尿の場合は，布団の交換や更衣等を他の子どもたちに気づかれないよう，本人の自尊心に配慮しながら行う。

　幼児は午睡も重要になるので，午睡をプログラムとして組む。小学校低学年でも午睡が必要なケースはあるが，夜に影響しないような時間で行う必要がある。

3）排　　　泄

　排泄は，排尿と排便に分けられ，身体の中の不要な物質（老廃物）を体外に排出することであり，人が生きるうえで欠かせない行為である。排泄のコントロールが難しい乳児期は，おむつを使用し，常に清潔を保ち，排泄後の不快を清潔にすることで，気持ちよいという感覚を持つことが排泄の自立の第一歩とされている。排泄のペースが一定になれば，おまるトレーニングが始まる。座れたら，排泄したら，など，一つ一つできたらほめ，意欲を高める。ほめられると，子どもはまたほめられようと，自分からおまるに座るようになる。性別で若干異なるが，排泄後は陰部を清潔に保つために拭きあげ，下ろした下着やズボン等を履き，最後に手を洗う行為を職員は一つ一つ見守り，言葉をかけ，必要最小限の手助けをする。

　尿意・便意は，最初は時間を見て定期的に言葉かけを行い，誘導するが，尿意や便意を表出できるようになれば，一緒にトイレに行き，そこで排泄が適切に行われているか見守りながら行う。徐々に言葉かけだけで行えるようにし，最終的には自分でコントロールできるように支援を展開していくことが求められる。

　どの場面でも共通するが，時間がかかったり，失敗したりすると職員が困るなどという理由で，子どもが本来すべき行為を奪ってはならない。行為を奪われると，体験を積み重ねられず，できるようになるまでにさらに時間が必要になる。また，怒られると「怒られた」という事実と，「怖い」という感情が強く残り，怒られないように職員の顔色を見ながら生活をするようになり，主体的な行動は制限される。

4）清　　潔

　清潔では，入浴における洗身・洗髪や洗顔等を中心に考える。障害児入所施設では，一般的に夕方から入浴をすることが多く，家庭での入浴時間帯とは異なることがある。清潔保持は，本人の健康を守ることや汚れを落とし，安眠するという目的もあるが，集団や社会生活では他者への配慮という側面もある。

　乳幼児期は職員が一緒に付き添って浴室まで行き，洗身を介助し，徐々に自分で洗うことを身につけられるように支援する。特に陰部については丁寧に洗う必要があり，同性による介助が求められる。洗髪は，手の指先に力が入らずうまく洗えていないときは，シャワーで流す前に職員が汚れを丁寧に洗うことや，洗い方のコツを身につけられるように支援をすることが求められる。最後に浴槽に浸かって過ごすが，職員が一緒に浴槽に入ることはほとんどない。しかし，歌ったり，会話したりして入浴を楽しむことが求められる。

5）衣　生　活

　更衣は，自分で服を選び，適宜更衣し，サイズが合わなくなれば購入する必要がある。私たちは，出かけるとき，行き先や時間帯，季節等を考えて衣服を選ぶ。子どもがその習慣を身につけるように支援することは，施設を退所して自活するとき，本人によい影響をもたらす。衣服の選択が困難な場合でも，着るものを考える機会を確保することが重要である。衣服に興味・関心を示さない子どももいるが，地域社会で生活するために，施設入所中にその衣服選択の機会を設け，経験することが必要である。外出の際に衣服を買う支援も行われているが，自身で選ぶ体験はまだ少なく，支援者が選択肢を示すなどの適切な支援が求められる。衣替えでは家族の協力を得て入れ替えを行い，コート等の厚手の物は施設で保管することもある。

　更衣は，服の前後や靴下の左右がわかるような工夫が必要で，上着の場合は襟のタグが目印になることが多いが，幼児であればプリント柄等で見分ける方法を教えることもある。毎日着替えることをプログラムに組み込み，支援しているが，運動や作業，食べこぼし等で汚れた場合は，子ども自身が言える場合は，職員が見て一緒に判断し，言えない場合は，職員が更衣を促すことも必要になる。

6）家　計　管　理

　金銭の使い方を身につけることは，将来の自立に向け，とても重要な支援になる。働き始めると，給料を手にすることになる。工賃*2 の支給日に，その全額を使って好きな飲み物を買い，数日で消費したため，次の工賃支給日まで日々の生活も苦しくなった知的障害者の例もある。このようなことを避けるためにも，計画的にお金を使うことを身につけなければならない。また，自分で働いた給料で好きな物を買う喜びを体験してもらうためにも，「お金を大事に使わなければならない」という意識づけをすることが必要になる。そのためには，小遣い帳の活用や，目的を決めて貯金することを職員と話しながら決めていくということも重要な支援となる。また実際にお金を持って，買い物に行くという体験も重要となる。

＊2　工賃
　工賃は障害者の就労継続支援事業Ｂ型等で，作業に対する報酬として支給される。

7）余 暇 活 動

週末や長期休みに一時帰宅しない子どもは，施設で過ごす。この時期は職員も休みを取るため，職員体制が充実しておらず，外出プログラムでは職員数と利用者数のバランスを考える必要があり，多くの子どもを連れて実施することができないという現状がある。学校や保育所・幼稚園に通える時期はよいが，施設内のみで過ごす状況は望ましいとはいえない。

気分転換になる，あるいは体を動かしたりできるプログラムや体験は，ストレスの軽減や生活リズムの構築につながるため，ショッピングセンターでの買い物やイチゴ狩り，旅行などさまざまな体験をできる余暇プログラムが望ましい。

3. 治療的支援

福祉型障害児入所施設には，被虐待児や心理治療的かかわりの必要な子どもが在籍している。また，その障害特性ゆえに療育が必要な子どもも多く在籍している。

知的障害は概ね発達期（18歳まで）に現れ，日常生活に支障が生じているため，何らかの特別の支援を必要とする状態，とされている。その乳幼児期に行われる「療育」とは，高木憲次[*3]の造語で医療と養育・保育・教育を意味するとされている。療育にはさまざまなものがあり，TEACCH や応用行動分析，感覚統合療法，PECS[*4]などが代表的なものとして挙げられる。また，作業療法や理学療法，言語聴覚療法等も並行して行われ，臨床心理士による心理治療のためのプログラムも展開される。いずれも，さまざまな発達の状況をふまえながら展開され，個別に展開されるプログラムもあれば，集団でのプログラムもある。

また，被虐待児への支援については，「平成19年度研究報告書 被虐待児に対する臨床上の治療技法に関する研究」（子どもの虹情報研修センター）によると，プレイセラピー[*5]やカウンセリング，箱庭療法[*6]，描画，認知行動療法，グループ療法，SST[*7]，活動療法等が取り入れられていることが多い。「プレイセラピー」は，遊びを通じ相互交流をし，具体的な気づきを得て，自立につながっていくと考えられており，障害児への効果的な支援として取り入れやすいアプローチである。入所施設は，生活を連続して観察し続けることができることからアセスメントがしやすく，職員体制も整っているのでチームアプローチが取りやすいため，生活への介入も行いやすいなどのメリットが挙げられている。職員間でうまく連携することで，一貫したアプローチを取ることができ，治療的効果が一定程度確保できる。

■引用文献■

1）ブリタニカ国際大百科事典小項目辞典
2）山下俊郎：幼児心理学，朝倉書店，1961

*3　高木憲次
　大正・昭和期の整形外科学者。東京大学名誉教授。東京で肢体不自由児の診療，調査を続け，わが国初の肢体不自由児療育施設である整肢療護園を開設し，「肢体不自由児の父」と呼ばれた。

*4　PECS
　アンディ・ボンディとロリ・フロストにより開発されたコミュニケーション支援システムで，絵カードを用いたコミュニケーション支援を行う。

*5　プレイセラピー
　第6章，p.67参照。

*6　箱庭療法
　第6章，p.67参照。

*7　SST
　社会生活技能訓練とも呼ばれる。日常生活に必要な対人関係の技術を習得する技法。

演習❼-1　自立支援のあり方を考える

　中学校 2 年生の G さん（14 歳・女子）は軽度の知的障害と自閉傾向があり，最近ようやく，お箸でゆっくりとご飯を食べられるようになり，うれしそうである。歯磨きも自分でできるが，力が弱く磨き残しがみられる。更衣は時間がかかるが自分で服を選び，自分でできている。また，職員にお願いして，いつも同じ髪型にしてもらっている。普段の遊びはプレイルームでビデオをぼーっと見ていることが多い。学校では鉛筆を使っているのかどうか不明だが，施設内では字を書いている様子や色塗りをする様子はみられない。

　施設の職員会議では，G さんの支援方針について，できることを増やしていくことが目的として挙げられていた。歯磨きは職員の言葉かけで行い，衣服の更衣も言葉かけをすれば行えていたが，入浴時の洗身や洗髪も職員が全て行っていた。G さんがお風呂をあまり好きではないことも影響していると考えられるが，家庭での入浴時は，洗うと嫌がるので，親が泡をつけて何とかごまかしていたという生活背景がある。

　その日も H 職員が G さんの洗身・洗髪ともに全て介助で行っていた。言葉をかけても反応はなく，H 職員はすぐにあきらめて，洗い始めた。

　また，プレイルームでは夕方，職員の手が足りないこともあり，どうしてもテレビをつけてそれを流すだけになっていたり，子ども同士でゲームをしたり，一人遊びをしている子どもが目立つ状況にあった。

支援の視点

①　H 職員はどのようにすべきだったのか。
②　できることを自分ですることの意味は何だろうか。
※入浴の場面では，別の職員のとき，ねばり強く言葉をかけることにより，身体の前や腕，足は自分で洗い，頭も手のひら全体ではあるが自分で洗っている。

考　　察

　現在は中学生である G さんは，いずれこの施設を退所して，グループホームや一人暮らし，パートナーを見つけて家族をつくっていくことになる。身体を洗う・清潔に保つということは本人の健康維持のために必要なことであるが，周囲の人間とうまくやっていくためにも必要なことである。

　また，他の場面でも指先に力を入れて作業や活動することに課題を抱えているように見える G さんが，他の場面でできることを増やしていくことが，別の場面での課題克服につながることも考えられる。

　ここでの問題は，職員の仕事の認識であり，将来を見通す力であるといえる。

■ 演　　習

① 以下の3点について，個人で考える（10分）。

　a. H職員が取るべき行動は何だったのか

　b. 他の場面で，指先を使う活動・作業にはどのようなものが考えられるか

　c. Gさんが自ら洗おうとしない理由は何だろうか

② 3～6人のグループになり，グループ内でそれぞれの考えを共有する（10分）。

　• ①のa～cについてノートや付箋に書き出していく

　• 書き出した意見をグループ内で発表し合う

③ グループのメンバーの考えを聞き，追加で考えられることを挙げる（5分）。

④ クラス全体で共有するために発表する（10分）。このとき，グループとして意見をまとめる必要はなく，また，他のグループが同じ意見を発表したからといって省いたりする必要はない。

演習のねらい

　最初からグループで話すのではなく，まずは個人で意見を書き出し，述べることで，発表する機会を全員に確保できる。

　意見を省かないことにより，同じような意見が多ければ全体的な傾向が見えるので，自分たちの考えの偏りに気づくこともできる。

演習❼-2　必要なことを伝える　コミュニケーション

　中学校 3 年生の I さん（14 歳・男子）は，中度の知的障害と自閉的傾向がある。強いこだわりがあり，言語でのコミュニケーションは問いかけには反応するが，おうむ返しをするため，理解できているかどうかはわからないことも多い。

　以前から，散歩から帰ってきて，おやつや昼食の時間になっても，気持ちの切り替えができず，「まだ散歩する」といって泣いたり，自分の頭を叩いたりとパニック状態になることが多かった。職員同士の会議でも，対応について話が上がることはなく，食堂やプレイルームまで強引に引っ張っていき，そこで「おやつ」や「食事」を視覚的に認識させることで，ようやく落ち着くということを繰り返していた。言語で「今からお昼ご飯を食べに行こうね」と言っても「ご飯」と，おうむ返しをするため，職員も「わかっているはずなのに，なんでパニックになるんだろう」と考えることが多くなってきた。

　ある日，I さんと J 職員，数名の子どもと放課後に屋外で走り回って遊んでいたところ，おやつの時間が近づき，J 職員は子どもたちに手を洗って，食堂の席に座るように伝えた。I さんも「おやつ」と口にしたので，J 職員は伝わったと判断し，おやつの準備に施設の中に入っていった。J 職員がおやつの準備をし，食堂に行くと I さんは席についておらず，食堂にも，施設内のどこにもいなかった。

　J 職員が「もしかして」と思って外に探しに行くと，I さんは一人で走り回っていた。そして J 職員を見つけると，何か聞き取れない言葉を言って走り去った。

▌支援の視点

① 視覚情報が優位であることは経験的に理解できている J 職員たちは，どのようなかかわり方を模索すべきだったのだろうか。

② I さんが落ち着いた生活をできるようになるために，職員に必要なかかわり方とは何か。

▌考　察

　自閉的傾向にある人の中には，聴覚からの情報は聞き取れても理解が十分にできず，視覚からの情報が優位になる人もいる。実際にその場面になると比較的スムーズに移行できるが，そこに至る過程では理解できず，無理やりさせられているという感覚になり，パニックに陥ることがある。さまざまな支援方法がある中で，どのような支援方法がその子どもに合っているのかを考えなければならない。

　職員は常に新しい，または従来行われている支援方法について最新の知見を得て，それを目の前の子どもにどのように活用すればよいのかを考える必要がある。

演　　習

① できるだけ3人のグループをつくる。

② 本章「3. 治療的支援」（p.77）で挙げた療育に関するアプローチのうち，「TEACCH」「応用行動分析」「PECS」について，自分たちで調べる。

③ IさんとJ職員の状況を再現するロールプレイを行う。

- 「ヘッドホンまたはイヤホンをした利用者役」「話しかける職員役」「それを観察する人」に分かれる。
  ※ ヘッドホンまたはイヤホンは，学生が各自で自前のものを用意する。

- 先にヘッドホンまたはイヤホンをして，音楽を周囲の音が聞き取りにくいボリュームまで上げてIさんの状態に近い状況をつくり，残りの2人で伝える内容を決めて話しかける。話す内容は，実習等で想定されるものを考える。
  例：「今日の朝食は■■ですよ」「○○に外出します」「△△の作業をします」
  ※ 職員役はいつもどおりの話し方で伝える。ジェスチャーを交えないこと。
  ※ 音量には十分に注意をすること。大音量ではなくても難聴になるリスクが指摘されている。よって耳栓等で代替することを勧める。

- 話しかけられた利用者役の人は，何と言ったのか，わかればそれを答える。わからなければもう一度繰り返す。2回繰り返してもわからない，またはそれまでに正解すれば，役割を交替する。

- 3人がそれぞれの役割を行ったら，感想を述べ合いメモする。

④ ②で調べたアプローチのうち，どの方法が一番適切なのかを考えて一つ選び，もう一度同じ状況で③を行う。感想は，前回との違いもメモしておくこと。

⑤ 調べたアプローチを④で実施したら，感想のメモをもとに，この方法がどのように役立ったかについて考える。
  ※ 時間に余裕があれば，他のアプローチについても実施してみよう。

⑥ 全学生が終わったのを見計らい，アプローチの違いで感じたこと，どのような点が有効であったかについて，各グループが発表する。

演習のねらい

　アプローチの調べ方はネット検索でかまわないので，調べた内容をグループの中で共有する。つまり，他のグループメンバーがそのアプローチを理解して実践できるように伝える必要がある。

　その他にもさまざまなアプローチがあり，聴覚の情報が優位な場合はどうすればよいか，他の日常生活場面ではどのような対応が考えられるか検討すると，一つのアプローチだけではうまくいかないことも発見できるかもしれない。

　今回は視覚優位の障害をイメージしたが，複数の障害を併せ持つことをイメージしたときに，どのように伝えるべきかを理解できればなおよい。

第8章 自立支援と退所後の支援 (リービングケア・アフターケア)

1. 社会的養護施設における自立支援と退所後の支援

(1) リービングケア

1) リービングケア (退所に向けた準備) とは

社会的養護関係施設の目的は，①養育 (乳児院)・養護 (児童養護施設)・保護と支援 (母子生活支援施設)・治療 (児童心理治療施設)・指導と支援 (児童自立支援施設) など入所中のケアであるインケアと，②退所 (退院) した者について相談その他の援助を行うアフターケアである。

しかしながら，家庭から離れて異なる環境に移る入所や，住み慣れた施設から家庭復帰や社会へ自立する退所は，子どもを取り巻く環境が劇的に変化し，さまざまな不安や課題が生じる。そのため，入所や退所がスムーズに行えるよう，アドミッションケア (入所前後の準備，第5章に詳細) やリービングケア (退所に向けた準備) を重ねていく必要がある。また，自立支援計画に基づいて，入所から退所まで子どもの発達に応じた切れ目のない支援を行うためには，アドミッションケア，インケア，リービングケア，アフターケアの四つを分けて行うのではなく，連続したスペクトラムとして，相互に影響しながら継続して実行していくことが求められる。

つまり，リービングケアとは，「施設から地域や家庭への移行を支援する取り組み」，あるいは「社会的な自立に必要な力を獲得するための援助や児童自身の体験」であるということができる。

しかし，突然の引き取りによる退所など，必ずしもすべての子どもにリービングケアが実施できるわけではない。また，退所時の年齢や保護者との関係，進路や経済状況などによっても違うため，個別性に留意して実施しなければならない。

2) 具体的な援助

リービングケアは，施設での生活を振り返り，育ちと課題を確認する作業から始まる。「一人で生きていかなくてはならない」(孤立) のではなく，「一人ではない。必要なときには頼る」(自立) という気持ちでなければ，後述するが，社会のさまざまな試練を乗り越えて生きていくことは難しい。大切にされた経験，成功・失敗体験，継続的に築いてきた関係など，これまでの育ちを子どもと話し合うことで，将来に向けた希望という自立への要素が育まれる。また，退所に向けて習得が必要な生活技術とは何かを振り返り，今後の課題を整理していかなければならない。

生活技術とは，例えば，炊事・洗濯・掃除，水道光熱費などの金銭管理，携帯電

話料金の支払い等である。これまで職員が行ってきたことを，職員の支援のもと実践することによって，取り組むべき課題が明らかとなる。また，銀行やATMで預金を引き出す，券売機で切符を買うなどの体験がない子どももあり，住民票や印鑑登録，保険契約や住居の探し方，冠婚葬祭のマナーなど家庭で育つ子どもでも難しいことも身につける必要があり，リービングケアは多岐にわたる。

表8−1は，全国の児童養護施設への調査による，リービングケア26項目の実施状況のうち「希望にかかわらず全員に行う」項目の上位五つをまとめたものである。最も実施されている項目は，「退所後にアフターケアがうけられることの説明」であるが，「職員が必要と判断した子どもに行う」が18.6％，「実施していない」が7.7％もあり，施設の目的として義務づけられているアフターケアでさえ，説明されない子どもがいることがわかる。

表8-1　退所前支援（リービングケア）の実施上位項目

	希望にかかわらず全員に行う		希望した子ども全てに行う		職員が必要と判断した子どもに行う		当てはまらない		実施していない		有効回答
退所後にアフターケアがうけられることの説明	184	64.6%	17	6.0%	53	18.6%	9	3.2%	22	7.7%	285
施設内での学習指導	125	44.2%	68	24.0%	75	26.0%	7	2.5%	5	1.8%	283
就職活動の支援	123	43.0%	68	23.8%	78	27.3%	8	2.8%	9	3.1%	286
退所先への事前同行	115	40.4%	32	11.2%	110	38.6%	10	3.5%	17	6.0%	285
退所後の生活費シミュレーション	109	38.5%	38	13.4%	99	35.0%	13	4.6%	22	7.8%	283

（出典）有村大士・山本恒雄・永野咲他：児童養護施設におけるアフターケアの専門性と課題に関する研究，
　　　　日本子ども家庭総合研究所紀要第49集，表7より一部抜粋

（2）アフターケア

1）アフターケア（退所後の支援）とは

退所後の生活には，予期せぬ出来事や生活の変化が起きやすく，新しい環境に不適応を引き起こすリスクもある。そこで，退所した子どもの家庭状況の把握や，職場への定着や自立生活が円滑に進むよう相談などに応じる必要がある。

「乳児院運営指針」では，「退所後のリスクアセスメントを踏まえて十分な検討を行い，復帰後の安全性への確認と，危機的状況が生じた場合の対応について検討し，具体的な手立てを明確化しておく」とある。家庭復帰後の一定期間は，養護問題や虐待の再発のリスクが高まり，特に保護者等が虐待の事実を受け入れていない（認めていない）場合は虐待が繰り返される可能性が高い。そのため，必要に応じて児童相談所等とも連携しながら，子どもや家庭の状況を見守っていく必要がある。

「児童養護施設運営指針」でも，「家庭復帰にしても進学・就職にしても，退所後

の生活環境は施設と比べて安定したものではなく，自立のための援助を適切に行うためにも，退所した者の生活状況について把握しておく必要がある」と述べられている。退所後の生活の変化に備えて，「家庭復帰の適否を判断するためのチェックリスト」（第12章に詳細）を活用するなど，保護者の養育能力等についてアセスメントする必要がある。また，社会的養護の当事者団体も大きな支援となる。

　また，児童養護施設の子どもと全高卒者を比べると，大学等や専修学校等への進学率および就職率に大きな違いがあることが明らかになっている（ともに第10章に詳細）。

　NPO法人ブリッジフォースマイルの調査[1]（全国180の施設を退所した501人を対象）によれば，進路の内訳は，進学151人（30.1%），就職317人（63.3%）であり，概ね全国平均と同様である。同調査では，施設退所児童の1年3か月後の退学率が13.6%（2018年）と，全国の大学退学率（1年後）1.7%（2018年）[2]の8倍となる。卒業までの退学率は，全国平均が8.1%（2014年）に対し，退所児童の4年3か月後は27.1%となっている。専修学校等も含まれているため単純な比較はできないが，4人に1人は卒業までに退学していることになる。国による経済的支援として，大学進学等自立生活支度費*1などがあるが，十分とはいえない。

　さらにブリッジフォースマイルの調査では，就職して3か月経過した退所者317人のうち，就業中（転職なし）284人（89.6%），離職24人（7.6%），不明9人（2.8%）と，高校卒業後わずか3か月で離職した退所者は33人（10.4%）と高い割合を示している。退所後すぐ，困難に直面することが多く，アフターケアの難しさが窺える。

2）具体的な援助

　では，退所した子どもからは，どのような相談が寄せられるのであろうか。

　前項の有村らの全国調査を見てみると，これまでに対応したことのある相談内容（16項目）で最も多い相談は，就労に関する相談であった（表8-2）。家庭復帰の有無にかかわらず，就労は退所者にとって大きな問題であることがわかる。身元保証人の確保*2や雇用保険の申請などの公的な手続きに関する相談も多い。一人暮らしで家賃が支払えない，あるいは社員寮などに入居していて退職と転居せざるを得なくなり，保証金や引越し費用も必要で，病気であればさらに経済的負担が重くなる。

　次に，同調査のアフターケア27項目のうち，「職員が必要と判断した子どもに行う」項目（退所後は「全員に行う」2項目の実施が難しく，差がほとんどみられない）の上位5項目をまとめると，最も多いのは家庭訪

*1　大学進学等自立生活支度費
　進学する子どもに対し，必要な学用品や参考図書の購入に充てるもの。平成28年度現在，81,260円が1人1回支給される。親の経済的援助が見込めない場合は，特別基準として194,930円が加算され，276,190円となる。同様の就職支度費もある。

*2　身元保証人確保対策事業
　第1章，p.12参照。

表8-2	アフターケアとして対応した相談内容上位5項目	
相談内容	N	割合
就労に関する相談	253	87.2%
公的手続きに関する相談	212	73.1%
住宅に関する相談	181	62.4%
経済困窮に関する相談	171	59.0%
医療に関する相談	162	55.9%

（出典）有村大士・山本恒雄・永野咲他：児童養護施設におけるアフターケアの専門性と課題に関する研究，日本子ども家庭総合研究所紀要第49集，表10より一部抜粋

間である（表8-3）。

　施設においては職員の入れ替わりが激しく，子どもにとって相談できる職員が退職している可能性もある。また，心配させたくない，仕事を辞めたことを知られたくないなどの思いから，訪問や相談をためらうこともあるだろう。そのため，施設は，行事（クリスマスや退所式など）や同窓会など退所者が集まれる機会を設けているが，それだけでなく，必要なときにすぐアフターケアが受けられる態勢が必要である。そこで，児童福祉や就業支援に精通したスタッフが，相談支援，生活支援等を行うとともに，退所者が集まり，意見交換や情報交換ができるような場として，「退所児童等アフターケア事業」が実施されている。地方自治体からの委託を受けて，社会福祉法人やNPO法人などが実施していることも多い。2014（平成26）年度より，この事業と児童養護施設の退所者等の就業支援事業が一体的に実施されることになった（表8-4）。

表8-3　アフターケアの実施上位項目

	希望にかかわらず全員に行う		希望した子ども全てに行う		職員が必要と判断した子どもに行う		当てはまらない		実施していない		有効回答
	N	％	N	％	N	％	N	％	N	％	
家庭訪問	10	3.6%	19	6.8%	218	77.6%	8	2.8%	26	9.3%	281
職場訪問　実施	18	6.4%	23	8.2%	181	64.4%	15	5.3%	43	15.3%	281
18歳以上の措置延長	10	3.6%	22	7.9%	176	62.9%	20	7.1%	49	17.5%	280
定期的な連絡	34	12.2%	32	11.5%	164	58.8%	18	6.5%	27	9.7%	279
児童相談所への連絡・引き継ぎ	71	25.2%	22	7.8%	158	56.0%	10	3.5%	18	6.4%	282

（出典）有村大士・山本恒雄・永野咲他：児童養護施設におけるアフターケアの専門性と課題に関する研究，
　　　日本子ども家庭総合研究所紀要第49集，表11より一部抜粋

表8-4　退所児童等アフターケア事業と期待される効果

退所児童等アフターケア事業			期待される主な効果
		退所前の児童：①社会常識や生活技能等習得，②進路等に関する問題，③児童同士の交流，の支援を行う 退所者：①住居，家庭等生活上の問題，②就労と生活の両立に関する問題，③自助グループ活動などの支援を行う	・相談窓口の一本化 ・退所者情報の一括把握
	児童養護施設の退所者等の就業支援事業	適切な職場環境の確保，就職面接等のアドバイス，雇用先となる職場の開拓，事業主からの相談対応を含む就職後のフォローアップ。児童の保護者も事業の対象である	

2. 障害児入所施設における自立支援と退所後の支援

（1）リービングケア

障害児入所施設は，他の社会的養護関係施設と同様に，18歳未満の障害児を対象としているが，必要に応じて措置延長が可能である。

18歳以上の障害児施設入所者（いわゆる過齢児）に対しては，障害者総合支援法に基づく障害福祉サービスを提供し，年齢に応じた適切な支援を提供することになっている。そのため，障害児入所施設が20歳以上の者を受け入れる場合，障害児入所施設の指定と障害者支援施設の指定をともに受けることが必要である。

さらに，過齢児がいる障害児入所施設は，今後，①障害児入所施設として維持，②障害者支援施設への転換，③障害児入所施設と障害者支援施設の併設の3タイプから施設の方向性を選択することになっている。厚生労働省の調査では，①が159か所（64.4％），②が7か所（2.8％），③が41か所（16.6％），未定のものが40か所（16.2％）[3]と，3分の2は障害児入所施設となり，20歳前後で障害者支援施設へ移行するケースが現在よりも増加すると考えられる。

障害児のリービングケアも，他の社会的養護関係施設と同様，それまでの生活を振り返り，本人や家族の意向をくむことが大切である。そのうえで退所後，本人に「必要な」生活と「望む」生活が両立する支援を継続的に行う必要がある。

障害支援区分（非該当および1〜6）によっては，併設された障害者支援施設に入所するのではなく，家庭復帰や社会自立を目指す場合もある。一般の民間企業には，2.0％の障害者雇用率が設定され，その達成義務が課されているため（従業員50名以上の企業），多くの障害者がさまざまな分野で活躍している。一方，希望の就職先が見つからず不安定になる子どももいるため，心理的なサポートも欠かせない。

また，社会生活で必要となる携帯電話・スマートフォンの利用方法や，公的機関での手続きなどの支援が必要になるほか，公職選挙法の改正によって投票年齢が18歳以上となったことから，投票についてもサポートしなければならない。郵便等による不在者投票や点字投票，代理投票などはもちろん，成年後見人がついた人たちの選挙権も2013（平成25）年から回復しており，基本的人権の保障は必須である。

（2）アフターケア

2014（平成26）年，「障害児支援の在り方に関する検討会」は，報告書の中で「障害児入所施設が持つべき機能」について，「心の傷を癒し回復させるための専門的ケアの充実」「家庭復帰を目指した親子関係の再構築支援」に加え，「施設退所後のアフターケア」とした。さらに，「より家庭に近い生活環境」「少人数の生活の場」「個々に配慮した生活環境」を目指し，小規模グループケアを推進するとしている[4]。

　小規模化への転換は進んでおり，障害者支援施設への入所者数は，2008（平成20）年の144,425人から2014（平成26）年の132,588人へと約1.2万人減少した一方で，ケアホーム・グループホーム*3の利用者は，同期間に42,027人から88,897人へと約4.6万人も増加した。これは，児童養護施設など他の社会的養護関係施設の方向性と同じであり，より小規模で地域に根差した専門的な施設を目指すということである。しかし，施設退所後に，再び専門的ケアが必要となり，施設入所に至ることもある。表8-5に示したサービスをリービングケアやアフターケアとして柔軟に活用しながら，退所者のニーズをくみ取った支援を続けていくことである。

*3　ケアホーム・グループホーム
　障害者総合支援法の改正により，2014（平成26）年4月1日から，共同生活介護（ケアホーム）が共同生活援助（グループホーム）に一元化された。障害支援区分にかかわらず利用することができる。①介護サービス包括型は，利用者数などに応じた生活支援員（介護スタッフ）を配置し，介護等を提供する。②外部サービス利用型は，生活支援員の配置は不要で，外部の居宅介護事業所に委託する。

| 表8-5 | 障害児・者へのリービングケア，アフターケアのサービス |

種類	名称	対象	サービス内容
訪問系	行動援護	障害児・障害者	自己判断能力が制限されている人が行動する時に，危険を回避するために必要な支援，外出支援を行う
	同行援護		視覚障害により，移動に著しい困難を有する人が外出する時，必要な情報提供や介護を行う
居住系	共同生活援助（グループホーム）		夜間や休日，共同生活を行う住居で，相談，入浴，排泄，食事の介護，日常生活上の援助を行う
訓練・就労系	自立訓練（生活訓練）	障害者	自立した日常生活または社会生活ができるよう，一定期間，生活能力の維持，向上のために必要な支援，訓練を行う
	就労移行支援		一般企業等への就労を希望する人に，一定期間，就労に必要な知識及び能力の向上のために必要な訓練を行う
	就労継続支援（A型）		一般企業での就労が困難な人に，雇用して就労する機会を提供するとともに，能力等の向上のために必要な訓練を行う。
	就労継続支援（B型）		一般企業での就労が困難な人に，就労する機会を提供するとともに，能力等の向上のために必要な訓練を行う
相談支援系	障害児相談支援	障害児	【障害児利用援助】障害児通所支援の申請に係る給付決定の前に利用計画案を作成，給付決定後，事業者と連絡調整等を行うとともに利用計画を作成【継続障害児支援利用援助】

（資料）厚生労働省：障害者総合支援法・児童福祉法とサービス管理責任者・児童発達支援管理責任者の役割，2015，p.35より作成

■引用文献■
1）認定NPO法人ブリッジフォースマイル調査チーム：全国児童養護施設調査2018 社会的自立に向けた支援に関する調査，2018
2）河合塾・朝日新聞社：ひらく日本の大学，2018
3）厚生労働省：第1回障害児支援の在り方に関する検討会資料，2014
4）厚生労働省：障害児支援の在り方に関する検討会報告書，2014

演習⑧-1　自立支援と退所後の支援（大学進学と費用の問題）

> 　Kくん（17歳・男子）は，4歳のときに，実父からDVを受けた実母とともに，母子生活支援施設に入所した。両親はその後離婚し，Kくんの小学校入学時に施設を退所した。しかし，Kくんは，実母の再婚相手である継父から身体的虐待やネグレクトを受け，児童相談所への通告を経て，小学4年生で児童養護施設入所となった。
>
> 　現在，高校2年生であるKくんは，おとなしいが芯が強く，決めたことは最後までやりぬく性格で，数学の教師になる夢を持っている。成績も優秀であるため，高校の進路指導担当も大学進学を勧めている。しかし，実父は3年前に亡くなっており，実母はKくんの施設入所以来，一度も面会に訪れておらず連絡も取れない。金銭的支援は期待できない。Kくんがアルバイトで貯めているお金では，入学金と半年分の学費を支払うのが精一杯である。
>
> 　そこでKくんは，進学のほかに，製造業やホテル・旅館など社員寮のある会社への就職も視野に入れ，どうすべきか職員に相談することにした。

■ 支援の視点

① 　進学か就職かで悩む入所児に対して，職員に求められる支援とは何か。

② 　退所後の生活に備えて，入所中にできる，あるいはしなければならない支援とは何か。

③ 　職業意識を育てていくために必要な支援とは何か。

■ 考　　察

　職員は，進路に悩む入所児に対して，学費や給料といった一般的な情報を提供すると同時に，子どもの個別の状況に合わせて相談に応じ，将来を見据えた進路をともに考える姿勢が求められる。

　また，一人暮らしや親との同居，寮生活など退所後の暮らしの環境はさまざまである。親に十分な生活能力がないことも想定される。そこで，給与管理や公共料金・家賃等の支払いなどを知っておかなければならない。そのために，ユニットケアやグループホーム，週末里親などでの生活を通して子ども自らが経験することも必要である。

　さらに，身近な職業といえば施設職員や教師，という環境の中で，職業に就き，継続して働くことを意識するのは難しい。そのため，施設外の職業体験やボランティア体験，アルバイト，地域の協力などを得て，仕事をすることの大切さを早い段階から伝えていく必要があるだろう。

演　　習

① 4～6人程度のグループをつくる。

② Ａ4判（4人の場合），Ｂ4判（5人の場合），Ａ3判（6人以上）の用紙を配付する。

③ グループの数に応じて，話し合う項目を決定する。

　項目例：• 学費（学費，各種奨学金，アルバイトなど）

　　　　　• 生活費（家賃，食費，税金など）

　　　　　• 人間関係（親，上司，同僚，同級生，SNSなど）

　　　　　• 住居（探し方，契約，保証人，家賃など）

　　　　　• 健康管理（常備薬，調理，性，喫煙など）

　　　　　• 退所後の相談体制（担当職員，連携，連絡先，療育手帳，児童相談所など）

④ 話し合いを始め，適宜，配付された用紙に記録する。15分ほどしたら，グループのうちの1名が別のグループに移動して話し合いを継続する。

⑤ さらに5分後，先ほど移動してきた者を除く1名が別のグループに移動して話し合いを継続する。

⑥ メンバーの人数に応じて，全員が1回は移動するまで続ける（3分でも可）。

⑦ 記録された用紙を見ながら，意見をまとめる。

演習のポイント

　グループ間を移動することで，グループをつくり直す手間や時間を省きながら，多くの項目での話し合いの機会が得られる。また，移動してくるメンバーに残りのメンバーが話し合いの経過を伝えることによってフィードバックが行われる。また，移動することで，全員が意見を出す機会もつくられる。

　事前の説明に10分，グループワークに30～35分（4人の場合），意見のまとめに10～15分と，全体で1時間程度を想定している。

　身元保証人確保対策事業，大学進学等自立生活支援費，弁護士会の悩み相談ダイヤル，自立援助ホーム，ハローワーク，消費生活センター，社会的養護の当事者団体や支援団体（日向ぼっこ，CVV，ゆずりは等）などの資料を配付したり，次回への課題にしたりすることで，さらに議論を深めることができよう。

演習❽-2　自立支援と退所後の支援（自立に向けての困難）

　軽度な知的障害のある L さん（19 歳・女性）は，特別支援学校小学部 6 年生のときに，母親と妹（当時 8 歳）への暴力が激しくなり，近隣に住む祖母の通報から児童相談所が介入し，治療が必要との判断から情緒障害児短期治療施設^{注）}入所となった。中学部卒業時に，障害児入所施設へと入所した。支援学校卒業後は就職したが，3 か月で退職する。家庭訪問に訪れた情緒障害児短期治療施設の職員に相談すると，就労継続支援 B 型の障害者施設「ワークセンター X」を紹介され，通所することになった。軽作業などを担当し，作業も順調だった。

　しかし，3 か月が経過すると家庭内暴力が再発した。「新しい自転車がほしい」と言い，断ると，自転車を破壊して新しく購入させた。中学校 3 年生の妹にも暴力を振るい，守ろうとした祖母にまで暴力を振るうようになった。母親はうつ病になり，「もう娘には会いたくない」と怯えるように入院した。

　本人にも「悪いことをしている」という自覚はあるが，衝動は抑えられない。障害者相談支援事業など関係機関の総合的な判断もあり，精神科に入院することが決まった。3 か月後に退院すると，「自立がしたい」という気持ちを表した。

　　注）情緒障害児短期治療施設…2017（平成 29）年 4 月より児童心理治療施設に変更

支援の視点

① 療育手帳（B）（知的障害の判定としては比較的軽度）で，自閉性スペクトラム障害という L さんだが，状況を説明するときの留意点は何か。
② 支援のキーパーソンは誰か。
③ 今後必要とされる関係機関は何か。

考　　察

　知的障害と自閉性スペクトラム障害がある L さんだが，児童心理治療施設や就労継続支援 B 型では，特に大きな問題は起こしていない。感情の爆発や暴力は，全て家庭内で起こっている。祖母，母，本人，妹という家族構成やここには登場しない父親の存在など，家族関係をもう一度確認する必要があるだろう。

　また，「自立したい」という言葉の裏には，これまでの進路選択が自分の希望とは違っているという訴えだとはとらえられないだろうか。L さんの意思を確認するためのコミュニケーションとは何か，改めて問い直してみなければならない。

　さらに，これまでは特別支援学校，児童心理治療施設，病院，通所施設と比較的大きな組織がかかわってきたが，地域で生活する際に必要な関係機関や社会資源にはどのようなものがあるか，L さんが持つストレングス（強さ）と併せてアセスメントしていく必要があろう。

演　　習

① 4～6人程度のグループをつくる。

② Ａ4判（4人の場合），Ｂ4判（5人の場合），Ａ3判（6人以上）の用紙を配布する。

③ グループの数に応じて，話し合う役割を決定する。

- 4人の場合は，Ｌさん，母親，妹，祖母の役割を担う。
- 5人の場合は，上記の4人に，就労継続支援Ｂ型の職員を追加する。
- 6人の場合は，上記の5人に，児童心理治療施設の職員を追加する。

④ それぞれの立場から，今後どうなってほしいか，意見を出し合う。

例）Ｌさん　→　「一人暮らしをしたい」「暴力をやめたい」

　　　妹　→　「受験勉強がしたい」「お姉ちゃんに殴られたくない」

⑤ そのために必要な社会資源や方法にはどのようなものがあるか，話し合いを始め，適宜，配付された用紙に記録する。

例）Ｌさん　→　「グループホームを探す」「インターネットで検索する」

⑥ 15分ほどしたら，役割をどれか一つ選んで1名が別のグループに移動して話し合いを継続する。

例）母親役が移動

⑦ さらに5分後，先ほど移動した役割とは別の役割を選んで1名が別のグループに移動して話し合いを継続する。

例）就労継続支援Ｂ型の職員が移動

⑧ メンバーの人数に応じて，適宜移動しながら話し合いを続ける（3分でも可）。

⑨ グループごとに意見を発表する。

> **演習のねらい**
>
> 　グループ間を移動することで，グループをつくり直す手間や時間の無駄を省きながら，多くの項目での話し合いの機会が得られる。また，必要な社会資源について，役割分担がはっきりしているので，メンバーの移動によって，必要な社会資源に関する知識が別グループからもたらされることになる。
>
> 　グループで意見を出し合うだけで終わりとしない工夫としては，用紙を回収して翌週以降に印刷物として配付したり，定期試験の問題とすると予告したりするなど，学生に学習への意欲を促すことなどがある。

コラム　「おっちゃん」と「おばちゃん」の仕事

　終身雇用制度はもはや過去の話。転職も珍しくない現在でも，就職の最大の機会が，新卒の時期であることには変わりありません。最初にして最大のチャンスといってもいいかもしれません。だからこそ，早期離職はリスクが高く，再就職を難しいものとしています。一方，児童養護施設の退所児童の離職率は，退所3か月後時点で13.2％となっており，非常に高いのが現状です（ブリッジフォースマイル「全国児童養護施設調査2015：社会的自立に向けた支援に関する調査—施設職員アンケート—」）。適切な進路選択と，そのための支援が求められています。

　退所児童たちとの交流の場で，若者に「社会福祉関係の仕事に就く人が多いのはなぜですか？」と質問した方がいました。若者は，「みなさんが仕事をイメージするのって，親でしょ。僕たちも同じです。施設職員か学校の先生しか見ないんです」と回答しました。もちろん，社会福祉関係以外に就職する人が多いのですが，若者は，多様な仕事を知る機会や，そもそも働くとはどういうことかを知る機会に乏しい現状を訴えたのだと思います。

　時を同じくして筆者は，ある中小企業経営者と知り合いました。その方は，退所児童の離職率が高い現状を憂い，施設の子どもたちの希望職種を聞いて，さまざまな中小企業での実習をマッチングする活動をされています。中学生は3〜4日，高校生は一週間実習し，実習終了後には実習発表会を施設で行います。ただアルバイトをすればよいわけではありません。労働の対価がお金だけでは，職場での人間関係や，その他の問題でつまずいたときに，乗り越えることは難しいでしょう。達成感や役に立つ喜び，さらには気にかけてくれる「おっちゃん」「おばちゃん」が施設のほかにもいることを知る。こうした経験が，アフターケアに役立つのではないでしょうか。

　そもそも，児童養護施設の子どもたちに，高校進学への道が開かれたのは1973（昭和48）〜1975（昭和50）年にかけてのことで，そう昔の話ではありません。1970（昭和45）年の入所児童に占める16歳以上の割合は2.6％で，中学卒業と同時に就職していたのです。さらに，1988（昭和63）年に私立高校への進学も認められると，高校進学率は上昇し，1990年代後半には7割を超えます。1997（平成9）年には，児童福祉法が改正されて児童養護施設等の目的に自立支援が追加され，2004（平成16）年には退所後3年間の退所児童への支援が義務づけられました。

　法改正から20年。施設職員や里親は，アフターケアとは何か，自立支援とは何か，自問自答しながら，精一杯取り組んでいます。しかし，退所児童とつながりのある職員が，何とか細い糸を頼りに自立支援を行っているのが現状で，その職員が退職すれば足が遠のく。これでは，アフターケアを継続的に行っていくことはできません。

　まずは就職，ではなく，まずはやりたい仕事。多忙な施設職員だけに頼らず，「おっちゃん」「おばちゃん」の力も借りながら，子どもたちが，少しでも多くの職業に触れ，夢を持てるように願ってやみません。

第3部

社会的養護にかかわる専門的技術

　社会的養護を必要とする子どもは，児童虐待や貧困等によって，基本的生活習慣や学習習慣が身についていなかったり，対人関係の構築に問題をかかえていたりする場合もある。そこで，第3部では，社会的養護を必要とする子どもの課題を支援する専門的技術を学ぶ。

　まず，安全で安心できる衣食住の提供，身辺自立，余暇活動など，基本的生活習慣を支援する技術を学ぶ。次に，子どもにとって学校や学習は生活の中で大きな部分を占めるため，職員が学校と連携することによって，子どもの学習効果を高める専門技術を学ぶ。さらに，他者との信頼関係の形成や，子ども間の関係，性への対応など，集団生活ならではの課題にどう取り組むべきかについて考える。

　最後は，家庭との関係である。親子関係再構築や家庭復帰に向けた家庭支援が，施設・里親ともに求められている。それぞれ独自の役割や機能について学び，演習を通じて，その必要性を理解してほしい。

第 9 章

基本的生活習慣にかかわる専門的技術

1. 衣 食 住

(1) 衣

　衣類は，保温や外傷から身を守るものであると同時に個性，自己表現の一つである。かつては衣類の確保や予算的理由が優先され，施設が衣類を大量に一括に購入していた。しかし近年では，子どもの個性を尊重して，施設職員が子どもと一緒に衣類を購入に行くなど，子どもが自分に似合った好みの服を着ることができる機会が増えてきている。子どもの要望に応じた購入を心がけると，子ども自身の衣類への所有感や愛着感が芽生え，衣類を大切にする心がまえが育ってくる。集団生活では衣類の自他の区別が曖昧（あいまい）になりやすいため，可能な限り個別購入が望ましい。

　また，着ている衣類が人に与える印象は大きく，常に清潔で，体に合い，場所柄や季節柄に合った服装ができるように配慮しなければならない。いわゆるTPO*1に応じた服装をすることで，相手に対してよい印象を与えたり，気持ちの切り替えができたりするようになるのである。

　子どもの年齢や発達に合わせて一人で着脱ができるように練習をすることや，子どもの衣類に汚れや破れている箇所がないか常に気を配り，子どもが清潔な衣類を身につけることができるように支援することが必要である。そうすることで子ども自身もそれに気づき，洗濯や修繕を職員に頼んだり，自分でできるようになっていくのである。

　その他，衣類は子どもの年齢や特性に応じて，個別に必要な数を用意し，定期的に衣類の点検を行い，サイズが合わなくなったものの処分や補充をその都度行うべきである。また，個々の収納スペースを確保し，子どもが自分で出し入れができるようにすることで，自分の衣類を自分のものであるという所有感を持ちながら自己管理できるようにする取り組みが必要となる。

　また，保育士など，子どもを直接支援する職員は自分自身の衣類が，子どもの模範になるものであるのかということを絶（た）えず考え，適切な衣類を着用するよう心がけなければならない。

(2) 食

　「児童福祉施設の設備及び運営に関する基準」では，第11条に「児童福祉施設において，入所している者に食事を提供するときは，その献立は，できる限り，変化

*1 **TPO**
　time（時間），place（場所），occasion（場合）の頭文字を取り，時・所・場合に応じて態度や服装を使い分けることを意味する。

に富み，入所している者の健全な発育に必要な栄養量を含有するものでなければならない」「食品の種類及び調理方法について栄養並びに入所している者の身体的状況及び嗜好を考慮したものでなければならない」と規定されている。

　施設で生活する子どもにとって，食事は最も楽しみで関心のあることである。多くの施設には栄養士が勤務しており，栄養バランスや年齢に応じた量やカロリーを計算した献立をつくり，それを調理員が適正な食材管理のもと，おいしく調理し適温で盛りつけられている。子どもたちの健やかな発育や発達のために，一人ひとりに見合った食事量や食事内容の提供が，一般家庭よりもなされているといえる。

　保育士など子どもを直接支援する職員は，基本的に子どもとともに食事をすることとなる。その際に必要な支援は数多くある。まずは，楽しい食事になるように雰囲気づくりへの配慮である。施設の形態によっては，大人数の食事になり騒がしくあわただしい食事になってしまうことがあるが，できる限り小グループに分けたり，食事時間をずらすなど落ち着いて食事ができるように工夫することが大切である。また，食堂のテーブルの配置や食卓に花を飾り，テーブルクロスやランチョンマットなどを使用して食事環境をよりよいものにすることも大切である。

　子どもによっては，食べ物の好き嫌いが多い場合がある。そうなると，栄養のバランスが崩れ，健全な心身の発達に影響を与えることになる。好き嫌いを減らすには，決して無理強いをせず，子どものペースや気持ちを理解しながら，食べることができる量に減らすなどの対応から始め，時間がかかるという前提で根気よく取り組むべきである。職員が食べてみせることや，盛りつけや調理の工夫をしたりして，子どもが食事に関心を持ち，食事の時間が苦痛にならないように支援していく働きかけが大切である。そのためには，栄養士や調理員との連携も重要になる。子どもの希望や意見を知るために，定期的に嗜好調査を行い，食事のメニューに反映させる機会を設ける必要もある。

　食事マナーを身につけることも重要である。食事への感謝の心を持ち，「いただきます」「ごちそうさま」の挨拶をしたり，気持ちよく食事をするために，周囲を不愉快にすることのないよう会話の声の大きさに配慮したり，正しい姿勢や箸やフォーク，ナイフの使い方，食器の持ち方，食べ方を職員が見本となり示していく必要がある。外食などの機会を持ち，普段と違う環境で周囲のお客さんに配慮しながら食事をする取り組みは，食事マナーと社会性を身につけるために効果的である。

　多くの大舎制，中舎制の施設では栄養士や調理員などの専門職員が食事を提供しているが，子どもたちは将来自立をしていくため，年齢に応じた食生活の自立を目指す必要がある。そのためには，まな板や包丁などの調理器具の使い方や，食材や料理のレシピなどの調理技術を身につけたり，栄養バランスやカロリーの知識を得る取り組みを実施するべきである。具体的には，簡単なお菓子や料理づくりから始め，さまざまな料理や一日の食事づくりを職員が支援しながら調理実習を実施していく。その際，献立を考え，スーパーの広告を見て予算を立て，食材の購入に行く

という経験をすることにより，より効果的になる。また，普段から子どもの目に届くところに献立表を提示し，食事メニューにどのような食材を使用しているのかを示し，関心を持つことができるようにすることも大切である。

このように毎日の食事が豊かになり，子どもが心身ともに健康であるためには，さまざまな工夫と，職員の連携が必要である。

(3) 住 環 境

住環境の整備は，施設で生活する子どもが心の安定を得て，自分の居場所や，やすらぎの場となるように最大限の配慮が必要である。

厚生労働省の家庭的養護推進計画から，施設の形態が大舎制中心から徐々に小舎制，小規模ケアに移行[*2]しつつあるが，それでも同一空間に多数の子どもたちが生活をしている集団生活であることに変わりはない。施設の建物の構造を根本的に改善する対応は難しいが，一人ひとりの子どもの住空間の確保と，プライバシーを守ることができるように工夫をすることは重要である。特に，中学生や高校生などの年齢の高い子どもにはできる限り個室を用意することが求められる。

子どもの居室には，個人の学習机や洋服だんす，子ども個人の所有物を管理できる棚，ベッドや寝具などを用意する。その際，生活する子どもが自分の居場所と思えるように，家具の配置やレイアウトなど，子どもの意見を聞き安全面や衛生面に問題がなければ，最大限配慮するべきである。同時に，居室を共同で使う場合には，他の子どもや職員から干渉されないような，一人になれる場所を用意し，プライバシーを確保することが大切である。

共有部分であるリビングや談話室には，居心地のよい空間にするようにソファーなどの家具を設置したり，温かみを感じる装飾をほどこしリラックスできる環境づくりに配慮する。食堂，浴室，トイレは常に明るく清潔に保つように，こまめに清掃することや，子どもの年齢や発達に応じて安全面，使いやすさを考慮した備品を設置することが求められる。

また，子どもの居室，共有スペースともに子どもが主体的に掃除や整理整頓ができるように支援することも大切である。

2. 身辺自立

(1) 健康管理

施設で生活する子どもたちが，健全な発達や成長をするためには，健康を維持することや回復をすることが必要である。

「児童福祉施設の設備及び運営に関する基準」では，第12条に「入所時の健康診断，少なくとも一年に二回の定期健康診断及び臨時の健康診断を，学校保健安全法

*2　大舎制から小規模ケアへの流れについては第1章（p.12）参照。

に規定する健康診断に準じて行わなければならない」と規定している。施設では子どもが集団で生活しており，食中毒や集団感染の予防のために健診が必要である。

　食中毒や，感染症による集団感染を防止するには，職員はノロウイルス，O-157などの食中毒や，インフルエンザなどの感染症の症状や，感染経路，対応方法の知識を身につけておかなければならない。嘔吐物，排泄物，血液は新たな感染につながる危険があるので，迅速に確実に処理しなければならない。「感染症対応マニュアル」等を作成し，いつでも職員が見ることができる状態をつくることで，緊急時でも落ち着いて対応ができるようになる。また，子どもたちが自己管理できるようにすることも重要である。日常的に手洗いや，アルコール消毒が病気の予防に効果があることを説明し，習慣化させるべきである。

　子どもたちを支援する職員は，日常的な健康確認をきめこまやかに行い，病気の早期発見，早期対応に努める必要がある。そのため，常に子どもの様子を注意深く観察していることが重要である。視診で，子どもの顔色，口数，食欲，便の状態，けがの有無を確認したり，子どもの訴えに耳を傾け，状態を確認することを，24時間意識しなければならない。特に乳幼児は，不調を言葉で訴えることができないことが多いので，視診を重視し，普段との違いを感じたらすぐに検温をする，必要であれば通院をするなどの対応が必要である。当然であるが，子ども一人ひとりの平熱や，体調が悪いときのサインを職員が把握し，共有しておくことで，より適切な対応ができるようになるのである。

　予防接種は，各年齢に応じてその必要な時期に受けさせる必要がある。しかし，ネグレクトなどの不適切な養育状況を主訴として入所してきた子どもは，必要な時期に接種できていない場合があるために，保護者に確認をしたり，母子健康手帳などで確認をする必要がある。また，予防接種は医療行為であるために子どもの保護者の同意や承諾が必要である。児童相談所と連携して，保護者の同意を得たうえで接種することが望ましい。経過については記録を残し，子どもの保護者に報告を行う必要がある。

　病気やけがの場合はすみやかに通院し，適切な治療を受けさせることが必要である。その際，子どもに症状を詳しく聞き取り，把握したうえで診療科を選択する。通院に付き添う職員は，保健記録や母子健康手帳などをもとに，子どもの持病や，かかったことのある病気，身長・体重，アレルギーの有無や常備薬などの情報を受診の際，医師に伝えることが大切である。緊急時に備え，夜間や休日に受診が可能な医療機関を把握し，嘱託医との連携を図っておくことも必要である。

　受診後は，医師の説明や処方された薬の服用方法について，子どもにわかりやすく説明をし，他の職員にも同様に説明を行う。処方薬の管理は医務室など施錠できる場所で行い，医師の指示通り正確に服用させる。職員は，それぞれの処方薬に対して効能や副作用などの知識を持ったうえで，子どもが確実に服用できているのか確認をする対応が求められる。

　子どもが居室などで静養している場合，子どもの不安な気持ちを考慮し，定期的な検温や服薬管理だけでなく，意識的に様子を見に行き声かけを行う。栄養士や調理員と連携し，病児用の特別食を用意し，水分，栄養補給の工夫をする。子どもの希望を聞き，果物やスポーツドリンク，ゼリーなどを準備したり，寝具を清潔に整えたり清拭などを実施する。そういった取り組みは，子どもの健康回復に効果があるだけではなく，職員との信頼関係や，自己肯定感の向上につながる。子どもは，煩雑な業務の中，自分を大切にしてくれたことをよく覚えているものである。

(2) 清　　潔

　身体の清潔は，心身の健康に欠かせないものであり，職員が子どもの清潔に配慮し，丁寧にかかわることで，自分は大切にしてもらっていると感じ，自分を清潔にするということを身につけるとともに，自分を大切にしようとする気持ちを養うことにもつながる。

　具体的な支援としては，まず入浴がある。入浴は，心身の疲れを癒やしゆっくりとリラックスできる時間になるように配慮するべきである。大舎制など施設の構造や日課の関係で，入浴時間が決められていたり，大人数でのあわただしい入浴になってしまいがちになるが，子どものプライバシーには細心の注意を払い，学齢期の子どもへの入浴介助は同性職員で行う必要がある。また，身体に傷やコンプレックスを持っている子どもや，クラブ活動などで汗をかいたり，アルバイトなどで遅く帰ってきた子どもに対しては，個別に入浴できるようにする必要がある。

　職員は入浴介助の際，子どもの身体に傷やあざ，皮膚炎がないかを確認しながら，身体や頭髪をすみずみまで洗い，シャンプーなどをしっかり洗い流すことを教える。特に低年齢の子どもに対しては，年齢や発達に応じて自分でできるように見守り，必要に応じて支援する。シャンプーやボディソープは，子どもの嗜好を取り入れながら，アレルギーやアトピー性皮膚炎などの体質を考慮し，できる限り個別に用意することが望ましい。安全管理の面で，浴室や脱衣所は死角になりやすいために，けがや性問題などの子どもの間でトラブルが起こらないように配慮を怠ってはならない。

　入浴を嫌がる子どもに対しては，施設に入所する前に，入浴の習慣がなかったり，トラウマ*3 体験があった可能性も考慮し，無理強いせず，安心して楽しく入浴できるように工夫をする必要がある。

　朝の洗面と食後の歯磨きの習慣が身につくように子どもを支援することも大切である。年齢の低い子どもに対しては，自分では十分にできないので，歯磨きの仕上げ磨きなどの支援が必要である。年齢に応じて，自分で顔の汚れや口臭などのエチケットを意識することができるように意識づける。

　子どもが，自ら身だしなみを整えるようにするためには，爪切り，耳掃除などの支援が必要である。また，姿見鏡を準備するなど備品の工夫も大切である。散髪は，

*3　トラウマ
　心的外傷（psychological trauma）。過剰な恐怖や生命の危機など，肉体的，精神的な衝撃を受けたことで負ってしまった心の傷のこと。

頭髪の状態を見て，定期的に行う。その際，できる限り地域の理容店や美容院を利用して，オーダーの仕方や，マナーを教えるべきである。子どもは，何事も経験することによって，不安が軽減し，自信を持ってできるようになるのである。

(3) 排　　泄

排泄は，子どもが生きていくうえで欠かすことのできないことの一つである。排泄を，清潔で安全な場所で，誰にも邪魔されず心地よく行うことができるように，トイレは常に清潔に，掃除が行き届いた状態にし，プライベート空間として保障するように配慮すべきである。また，年齢の低い子どもは，トイレを怖がる傾向がある。照明や，幼児用の補助便座を用意するなどの工夫をしたり，必要によっては職員が介助するなど，安心して排泄を行うことができるように支援する。

子どもが排泄のコントロールができるようになることは，自信を持って生きることや「自律」と「自立」につながる。排泄の自立のためのトイレットトレーニングは重要である。あせらず，子どもが失敗しても，子どもの自尊感情を傷つけないように，叱らず，根気よく行うことが大切である。

夜尿など排泄の失敗のある子どもに対しては，失敗したときには，排泄の失敗は悪いことではないということを伝え，周囲の子どもに知られないように気を配り，年齢に応じて後始末のやり方を教え，自分でできるように支援する。年齢によっては，身体的な要因も考えられるので，医療機関に受診をして医師の指示を仰ぐことも検討する必要がある。

(4) 睡　　眠

子どもが心身の健康を維持し，生活への活力を得るためには，安定した十分な睡眠時間と，安心して眠ることができる環境を保障することが必要である。

寝具は清潔で季節に応じたものを整え，定期的にシーツや布団を交換し，天気のよい日には布団を干し日光消毒を行う。季節や気候に応じてエアコンを使用して，心地よく入眠ができるような環境を整える。

子どもの就寝前には，明日の準備や居室の片付け，排泄，歯磨きを済ませて，パジャマに着替える習慣が身につくように支援する。そうすることにより，生活に区切りがつき気持ちを落ち着かせて切り替えができ，就寝に向かうことができる。

年齢の低い子どもには，添い寝をしたり，本を読み聞かせたり，子守歌などの静かな音楽を流す工夫をすると，心地よく入眠することができる。就寝前後の時間帯は，子どもは大人数の集団生活から，自分の居場所である，個人のベッドや寝具に移動するために，職員に素直に甘えたり，自分の気持ちを話すことができることが多い。話を聞いたり，必要に応じて寄り添うなど，こまやかな配慮が大切である。

夜になると，不安な気持ちから心理的に不安定になり，電気をつけた状態でないと入眠できない子どもや，就寝時間を過ぎても徘徊したり，他の子どもの睡眠を妨

害したり，職員に話しかけてくる子どもへは，子どもの話をよく聞き，状況を見極めた対応をするべきである。就寝後や，次の日の朝の起床，日中の様子を把握し，職員同士で情報を共有し，対応を検討する必要がある。トラウマや睡眠障害が原因である可能性もあるために，場合によっては，心理療法士や医療機関に相談するなどの対応が必要である。

3. 余暇活動

(1) 遊び・趣味

　施設生活は，規則正しい生活習慣を確立するための日課をもとに展開されるが，それだけでは豊かな人間性は養うことができない。子どもは，自由な遊びや余暇活動によって，自発性や社会性，協調性，体力，創造性や達成感，人間関係の築き方など多くを学んで成長する。

　遊びや余暇活動には，集団で行うもの，一人で行うもの，身体を動かすもの，玩具を使うもの，テレビやゲームなど多種多様であり，子どもには発達段階に応じた趣味や，遊びの場を保障する必要がある。それぞれの遊びの特徴を生かした体験を積ませることや，好奇心を育てるとともに，玩具を通して物の管理やその取り扱いを子どもに伝え，教えることも必要である。また，余暇活動としての芸術活動やスポーツなどにより，心身の発達を促すことも大切である。

　乳幼児期は，驚異的なスピードでいろいろなことを吸収していく。したがって，粘土遊び，お絵かき，ブロック，楽器，音楽などの遊びによって，子どもの感覚，創造性，感受性，情緒の発達を促すことが大切である。また，職員と1対1で遊ぶことは，愛着の形成や，信頼関係の構築につながる。安全な玩具や，遊び場を提供し，個別に遊ぶ時間をつくるように工夫することも必要である。

　子どもの年齢が上がるにつれて，集団でのルールのある遊びに内容が変化していく。ごっこ遊びやドッジボール，野球，バレーボールといったスポーツなどの集団スポーツを取り入れ，ルールを守りながら，楽しく遊ぶことができるように支援していく。

　絵画や音楽などの芸術活動，野球やサッカーなどのスポーツは心身の発達や協調性，思いやりを育むことにつながる。仲間と取り組む楽しさや成功体験，達成感を感じるように，施設内クラブ活動などとして取り入れ，そのときのルールや決まり事は，子どもと一緒につくるべきである。そのことによって，子ども自身がやる気を持ち，継続した活動が可能になり，子どもの自主性や所属感，自己決定力を高める取り組みとなるのである。

　また，趣味や遊びの好みには当然ながら個人差がある。施設は集団での生活が中心であるので，環境面や，予算面などでの制約があるものの，可能な範囲で学校や

地域の友人とのかかわりや地域の行事，イベントなどに参加したりできるように工夫をする必要がある。一人で過ごせる空間や，友人が遊びに来やすい雰囲気づくりに配慮することも重要である。

　個々の趣味や遊びを尊重し，支援していくことは，子どもの個別化や，生きがいづくりにつながり，子どもの生活をより豊かなものにする。その重要性をしっかり認識して日々の生活に取り入れていくことが必要である。

（2）自治会活動

　子どもたちの日常生活に主体性を持たせ，自律性を尊重させる取り組みとして重要なのが，自治会活動である。自治会活動は，施設によって異なるが，中学生や高校生のグループや小学生のグループで，「児童会」「子ども会」などの名称で，定期的に話し合いを持ち，意見を表明し，検討する場である。子どもの権利条約で定められている「意見表明権*4」を保障する取り組みである。

　集団生活が前提である施設は，日課や，ルール，行事などがある。それは，いずれも意味があるものであるが，社会的背景や，生活様式の時代による変化に応じて，見直しをしていかなければならない。その際に重要なのが，生活している子どもの意見を取り入れることである。

　そうすることにより，子ども自身が，自分たちの生活について主体的に考えて，自主的に改善していくことができるようになるのである。職員は，その活動の意味を理解し，支援する必要がある。

　また，施設にはレクリエーションとして，お誕生日会や，スポーツ大会，七夕や節分などさまざまな行事がある。子どもたちは，単調になってしまいがちな日常生活から，生活の中のアクセント変化として，行事を基本的には楽しみにしている場合が多いが，企画・運営が職員主体になったり，マンネリ化すると参加意識が低下し，形骸化してしまいがちになる。

　その行事などに自治会活動を活用し，子どもが主体的にかかわり，子どもの意見を反映させることで，子どもが積極的に参加できるようになるのである。

＊4　意見表明権
　子どもの意見表明権の保障に関しては第2章（p.22）参照。

■参考文献■
・大阪府社会福祉協議会児童施設部会・援助指針策定委員会編：児童福祉施設援助指針，2012
・辰己隆・岡本眞幸編：改訂 保育士をめざす人の社会的養護内容，みらい，2014

演習❾-1　施設内での問題行動への対応

　Mくん（9歳・男子）は，1か月前に，万引きや深夜徘徊により警察に保護され，児童相談所での一時保護を経て，児童養護施設に入所してきた。調査により，Mくんの家庭は母子家庭であるが，母が家を不在にすることが多く，食事を十分にとれていなかったり，衣服が汚れていたり，入浴もままならないネグレクト環境で長期間生活していたことが明らかになった。

　児童養護施設でのMくんの生活の様子が，落ち着いて食卓について食事ができず，歩き回ったり，好き嫌いが多く，極端に多食であったり，全く食べなかったり差が激しい。また，入浴時間になると，入浴を嫌がり隠れていることがある。就寝時間になると，他の子どもの邪魔をしたり，何度も起きてきてトイレに行ったり，職員の業務の邪魔をすることを続け，職員や他の子どもの指示や，声かけにも従わない。他の子どもからMくんへの苦情や，批判が相次いでいる。

　担当保育士であるNさんは，親身になって，何度もMくんの気持ちを聞こうと，声かけをしたり，他の子どもたちが困っていることを伝えようとしたが，Mくんは逃げ回るばかりで，話し合いができない。Nさんは，Mくんの対応について，どうするべきであるか，他の職員に相談することにした。

支援の視点

① 　問題行動の多い子どもに対して，今起こっている問題だけに着目せず，問題行動を引き起こしている背景に着目する。

② 　入所して間もない，生活や対人関係への不安の多い子どもに対して，職員に求められる支援とは何か。

③ 　入所前にネグレクト状態で養育されてきた子どもに対して，基本的生活習慣を身につけさせるための支援とは何か。

考　　察

　職員は，問題行動の多い子どもに対して，その行動だけを問題視するのではなく，子どもの施設入所以前の生活状況や，保護者の養育状況，子ども自身の発達状況を考慮し，問題行動を引き起こしている要因を考察しなければならない。

　また，施設に入所して間もない子どもは，住み慣れた家や保護者，学校や友達と離れて施設という新しい環境の中で，不安を持ちながら生活していることを理解しておかなければならない。その中で，安心して安全に暮らすことを実現するために，職員は子どもに対し，安心感や信頼関係を構築するためのかかわりが必要である。

　さらに，子どもの自立のために基本的生活習慣を身につけさせる支援も必要である。食事や，入浴時間が楽しくなるような雰囲気づくり，今までに経験が乏しいた

めに拒否感が強いもの（食べず嫌いや，話し合うことなど）に対して，どのような工夫ができるか，一日の生活の中でどのような個別支援ができるのかを，他の職員と協力をしながら考え，実施していく必要があろう。

■ 演　　習

① 4〜6人程度のグループをつくる。

② 記録用の用紙を配布する。

③ グループの数に応じて，話し合う項目を決定する。

　項目例：• 施設入所前の生活状況（ネグレクト，万引き，深夜徘徊など）

　　　　　• 問題行動の背景（落ち着きがない，食事，入浴，夜間の行動など）

　　　　　• 施設で生活することへの不安（保護者・地域・学校・友人との分離，生活環境の変化，施設での生活期間など）

　　　　　• 人間関係（職員，施設の子ども，教師，クラスメイト，保護者など）

　　　　　• 基本的生活習慣の大切さ（衣食住，入浴，睡眠，しつけ，社会性など）

　　　　　• 子どもが基本的生活習慣を自主的に身につけていくために，効果的な取り組み（説明，評価，雰囲気づくりなど）

④ 話し合いを始め，適宜，配付された用紙に記入する。15分ほどしたら，グループの1名が別のグループに移動して話し合いを継続する。

⑤ さらに5分後，先ほど移動してきた者を除く1名が別のグループに移動して話し合いを継続する。

⑥ メンバーの人数に応じて，全員が1回は移動するまで続ける（3分でも可）。

⑦ 記録された用紙を見ながら，意見をまとめる。

演習のねらい

　グループ間を移動することで，グループをつくり直す手間や時間を省きながら，多くの項目での話し合いの機会が得られる。また，移動してくるメンバーに残りのメンバーが話し合いの経過を伝えることによってフィードバックが行われる。移動することで，全員が意見を出す機会もつくられる。

　事前の説明に10分，グループワークに30〜35分（4人の場合），意見のまとめに10〜15分と，全体で1時間程度を想定している。

　児童虐待，児童福祉施設入所児童入所理由，障害児の割合，児童自立支援計画などの資料を配付したり，次回への課題にしたりすることで，さらに議論を深めることができる。

演習❾-2　施設のルールについて（自治会活動）

　高校１年生の O さん（15歳・女子）は，高校に入学し，バドミントン部に入部した。将来進学したいという希望から，その資金を得るために，休日にはアルバイトも始め，徐々に貯金も貯まりつつある。学校での出席状況，施設での生活状態も問題がなく，充実した毎日を過ごしていた。

　O さんは，担当保育士の P さんに，「スマートフォンを購入したい」と相談した。部活動でも，アルバイト先でも携帯電話を所持していないのは，O さんのみであり，諸連絡は全て SNS のグループトークで行っているために，部活動の先輩や，アルバイト先の上司から再三携帯電話を持ってほしいと依頼されており，悩んでいると言う。しかし施設は，入所している子どもが，携帯電話を所持することを認めておらず，P さんは，O さんの事情はわかるが，施設の決まり事もあるので返答できずにいると，その会話を聞いていた他の子どもたちも，「私も携帯電話を購入したい」「どうして所持してはいけないのか」と口々に施設に対する不平，不満を言った。

　P さんは，子どもたちの言い分はわかるが，「ルールがあるから，今はなんともできないが，自治会で話し合ってみよう」と伝え，その場を離れた。

支援の視点

①　進学を目指す高校生など高年齢の子どもに対して，職員に求められる支援とは何か。

②　現在の時代や社会的背景に対し，施設の決まりやルールが適当なものであるのか。変更をしていく際に必要な支援とは何か。

③　自治会活動に対して，必要な支援とは何か。

考　　察

　職員は，進学を考える子どもに対して，学費や生活費といった一般的な情報を提供すると同時に，生活の場をどうしていくのかということを，子どもの個別の状況に合わせて相談に応じ，保護者と調整していかなければならない。

　施設の日課や，ルールは以前からあり社会状況により検討され，現在に至っている。しかし，近年急速に社会状況が変化しており，子どもたちもその影響を受けている。それに適切に対応するには，一般的な社会状況を正しく理解しておくことが必要である。携帯電話を所持するための手続き，保証人，費用，SNS や交通事故などのリスクを熟知し，子どもに説明を行い，子どもが理解したうえで，主体的に考えるようにしなければならないだろう。

　自治会活動は，子どもが生活の主体となり，意見を表明する場であるという認識を職員は持ち，どのような意見であっても傾聴する必要がある。子どもの家庭状況

や，施設での生活状況は一人ひとり違うので，それを考慮しつつ，同時に集団生活であることを考えて議論を進める必要がある。また，議案の決定については，最大限子どもたちの意見を尊重するが，職員による検討の場を持ち，それを子どもにフィードバックする作業が必要である。

■ 演　　習　　　　　　　　　　　　　　　　　　　　　　　　　　　●

① 　4～6人程度のグループをつくる。

② 　記録用の用紙を配付する。

③ 　グループの数に応じて，話し合う項目を決定する。

　　項目例：• 進学に必要な資金（学費，各種奨学金，生活費，アルバイトなど）

　　　　　　• 高校生の社会状況（携帯電話，おこづかい，アルバイト，門限など）

　　　　　　• 携帯電話の契約（保証人，費用，SNS の利点とリスクなど）

　　　　　　• 自治会活動の運営（グループ分け，議題，進行，職員，議決方法など）

④ 　話し合いを始め，適宜，配付された用紙に記入する。15分ほどしたら，グループの1名が別のグループに移動して話し合いを継続する。

⑤ 　さらに5分後，先ほど移動してきた者を除く1名が別のグループに移動して話し合いを継続する。

⑥ 　メンバーの人数に応じて，全員が1回は移動するまで続ける（3分でも可）。

⑦ 　記録された用紙を見ながら，意見をまとめる。

演習のねらい

　グループ間を移動することで，グループをつくり直す手間や時間を省きながら，多くの項目での話し合いの機会が得られる。また，移動してくるメンバーに残りのメンバーが話し合いの経過を伝えることによってフィードバックが行われる。移動することで，全員が意見を出す機会もつくられる。

　事前の説明に10分，グループワークに30～35分（4人の場合），意見のまとめに10～15分と，全体で1時間程度を想定している。

第10章

学習・学校にかかわる専門的技術

1. 学習支援

　日本国憲法第26条では「すべて国民は，法律の定めるところにより，その能力に応じて，ひとしく教育を受ける権利を有する」と，子どもの学習権が保障されており，子どもの適性や能力に応じて教育を受けることが許容されている。しかし，施設の子どもの中には，不適切な養育環境により学校に通っていなかったり，学習環境の整っていない中で生活をしていた者もいる。特に，児童期における学習支援は自立や自己実現ともかかわりが深く，退所後の社会的自立にもつながっていくものである。また，安定した生活を送っていくためにも，施設内の学習環境の整理や学習指導の充実を図ることは重要である。

　「児童福祉施設の設備及び運営に関する基準」には，児童養護施設における学習の指導について「学習指導は，児童がその適性，能力等に応じた学習を行うことができるよう，適切な相談，助言，情報の提供等の支援により行わなければならない」（第45条）とある。先に述べたように，施設に入所してくる子どもは，複雑な家庭環境から基本的な学習習慣が身についておらず，自己の持つ本来の能力を十分に発揮することができず，学力が低い状態にいる者も多い。したがって，施設職員はこの基準にしたがい，子どもの可能性を最大限引き出せるような学習環境の整備，学習指導を行う必要がある。具体的な支援については，以下のようなものがある。

(1) 通学支援

　施設に入所してくる子どもは多くの場合，施設の近くの学校に転校することになる。新たな学校に通い，そこでもう一度人間関係を築いていかなければならない。また，施設入所以前は不登校であった場合は，まずは学校に通うという習慣から身につけなければならない。したがって，安定した通学習慣を確立していくことを目指す必要がある。通学支援としては，前日から次の日の時間割や準備物の確認をともに行ったり，自主的に準備できる子どもは，学校から受けた連絡事項を自主的に伝えられるように促すといった支援が考えられる。

(2) 基礎学力の向上と定着

　施設に入所している子どもの学力の低さの一因には，勉強に対する自己効力感の低さがあると考えられる。自己効力感とは，ある行動がうまくできるかどうかとい

う確信のことである。つまり、「自分は勉強することができる」という信念の強さが学習行動に影響しているものと考えられる。学習する機会が乏しかったり、学習することの喜びを経験してこなかった子どもは、「どうせ自分は勉強ができない」「勉強なんてつまらない」と学習意欲が低く、劣等感を抱いている者もいる。そういった子どもに対しては、まずは学習レベルの確認を行い、達成感が持てる教科や内容から始めるなど工夫し、できたことや学習姿勢に対してはほめるといったことが必要である。また、運動会や音楽会、部活動での活躍など教科以外の活動にも注目し、その頑張りを評価することも学習意欲の喚起にもつながり大切なことである。

（3）ボランティアや学習スタッフなどの活用

　2014（平成26）年、「子どもの貧困対策の推進に関する法律」が施行され、同年に「子供の貧困対策に関する大綱」が閣議決定され、政府による子どもの貧困対策についての総合的な取り組みが進められている。大綱の中では児童養護施設の子どもへの学習支援の推進についても盛り込まれている。具体的には「小学生に対し、大学生や教員OB等が施設を訪問し学習指導を行う」「高校生が学習塾等を利用した場合の月謝等に要する支援を行う」「母子生活支援施設の中学生への学習指導、高校生への学習塾代支援を行う」「発達障害等を有する中学生及び高校生に対し、個別指導による学習支援を行う」[1]などである。つまり、こうした学習支援による取り組みが、将来起こりうる「貧困の連鎖[*1]」を防止することが期待されている。

　施設での学習指導は現状では、宿題やテスト勉強など学校教育を補完するものが中心となってくるが、副教材や学習塾の活用、学習指導専属の指導員の配置や学習ボランティアの受け入れなどを積極的に取り入れることで、さらなる学力向上を図ることが期待できる。また、塾などに通う子どもに対しては、食事や入浴などの個別的な配慮が必要となってくる。このように、それぞれの子どもの状況に合わせて対応するなど、柔軟な対応を行っていくことも重要である。

＊1　貧困の連鎖
　貧困を抱える家庭で育った子どもが、適切な養護・教育・支援を受けられないために、自立後も貧困を招いてしまうといった負の連鎖を指す。

2. 学校との連携と学校生活

（1）学校との連携

　子どもは、学校で一日の生活の中の大半を過ごすことになる。学校は学習の場であり、同年齢、異年齢との交流を通して、社会性を身につけられる場でもある。そこでの経験は、子どもの心身の成長に大きく影響を与えることになる。

　さまざまな課題を抱えた子どもを支援していくためには、施設と学校との連携は欠かせない。しかし時折、子どもの起こす問題行動などの対応について、施設職員と学校教員というそれぞれの立場や専門性の違いから意見が対立することもある。こうした際、お互いに職業的価値観が異なる点もあることを認めたうえで、丁寧な

話し合いを重ねていく必要がある。そのためには，日常的に施設での子どもの様子や学校での様子について，些細（ささい）なことでも連絡し合うことが大切である。具体的には，参観日や懇談会，家庭訪問などの学校行事や定期的な連絡会，情報交換会などの個別の機会を持つなど，日頃から交流を深めていくことが有効である。また，施設長や施設職員がPTAや保護者会などの活動に積極的に参加し，学校関係者や地域の人々との交流を通しネットワークを形成していくことも意義がある。

（2）学 校 生 活

　子どもたちが日々安心して学校生活を送っていくためには，施設職員が一人ひとりの子どもに気を配っていくことは言うまでもない。子どもに応じて，次の日に必要な準備物の確認や宿題の確認をともに行うなどして今後一人でやっていけるような支援をしていくことも重要である。また，連絡帳や配布プリントは必ず目を通し，学校行事などをチェックしておくことも大切である。

　学校では教科学習以外にクラブ活動などの課外活動があるが，こうした活動は子どもの活躍や機会を広げる貴重な場である。勉強以外でこうした自己表現のできる機会を活用することには多くの意義がある。例えば，何か一つのことに打ち込むことで，集中力や積極性，責任感，協調性，忍耐力などがついたり，クラス以外の先輩や後輩などの異年齢とのつながりを通して社会的マナーやコミュニケーション能力の獲得などの社会性が身につくことが期待できる。クラブ活動はこうした，多くの経験ができる場であるので，部活動の時間や諸経費などを把（は）握（あく）し，施設での生活面や経済面で問題がないか確認し，可能であるならできる限り参加を促していくほうがよい。また，大会や試合の応援，発表会の鑑賞などにはできる限り駆けつけ，励ましや称賛の言葉をかけることは，子どもとの絆（きずな）を深めることにつながる。

（3）高校生への支援

　高校は義務教育終了後に自己の意思に基づいて進学する教育機関であり，自主性や自己管理をする力が重んじられる。年齢的にも大人とのかかわりが難しい時期であるため，より個別的で柔軟な対応が求められる。また，施設のある小中学校へ通っていたときとは異なり，校区外の遠くの高校に通う者もいるため，施設と高校とのつながりが乏しくなりがちである。そのため，懇談の場を設けてもらうなど協働体制を整えるなどの配慮を行っていくべきである。

　高校生に対しては，本人の自主性に委ね，距離を保ちながらも学校行事や部活動などに関心を持つことが必要である。学習成績や出席状況によっては留年などの事態も考えられるため，こうしたことは本人とじっくりと話し合う必要がある。

　この時期は，友人関係が生活面に影響を及ぼしやすい。生活習慣に乱れが生じたり，施設のルールを破るといった行動が目立つようであれば，まずは本人の主張をよく聞きながら，妥協点を探るなど慎重に対応をしていかなければならない。

3. 進路・進学の支援

（1）入所児童の進学状況

　児童養護施設入所児童の中学校卒業後の高校等進学率（高等学校，中等教育学校後期課程，特別支援学校高等部，高等専門学校）は，2017（平成29）年度末に卒業した者で94.1％（全国平均98.8％）と全国平均と比べ4.7ポイント低く，就職率は2.4％（全国平均0.2％）と全国平均より2.2ポイント高くなっている。また，高校等卒業後の大学等進学率（大学，短期大学，高等専門学校高等課程）は2017（平成29）年度末に卒業した者で16.1％（全国平均52.1％）と全国平均と比べ36.0ポイントも低く，就職率は62.5％（全国平均17.9％）と44.6ポイント高くなっている[*2]。

　高校等進学率はここ数年上昇してきているが，大学等進学率についてはほぼ横ばい状態が続いている。特に大学等進学率は，全国平均の数値と比べ，大きな開きがあり，今後この格差をなくすためにさらなる支援策を講じていく必要がある。

　また，義務教育終了後の非進学者と高校退学者の問題がある。児童養護施設運営指針では「中卒児・高校中退児に対して，就労させながら施設入所を継続することで十分な社会経験を積めるよう支援する」とし，措置継続や18歳から20歳までの措置延長[*3]を利用して自立支援を行っていくとされているが，実際には中退などをきっかけに施設を退所していく者も多い。つまり，こうした特に支援を必要とする子どもたちが退所してしまい，支援の輪から遠ざけられるという現状がある。この点についても，子どもの最善の利益にかなった進路の自己決定ができ，自己実現が図れるようなさらなる支援の充実が必要である。

（2）進路・進学支援

　進路選択は，まず自分が将来どのように生きていくのか，その未来を考え，描くことから始まる。これは，最終的には自己決定とし自らが進むべき道を選択するものであるが，それまでの過程の段階では，施設職員や学校，そして家族などが連携しながら，子どものよりよい未来像について子どもとともに話し合い共有していくことが大切である。施設職員の役割としては，できる限り進路に関する情報や資料を多く集め，選択肢を示すと同時に，その選択肢の中から自分の状況と向き合いながら適切なものを選んでいけるよう支援していくことである。適切な選択肢とは一つとは限らず，それらを選択することは容易なことではない。それぞれの選択肢のさらにその先がどのような将来につながっていくのかということについても，時間をかけて子どもとともに考えていく必要がある。

　就労支援の場合は，自分の興味・関心や得意，不得意なことは何かといった，自分を知るということから始めるとよい。その手がかりとして，職業適性検査などを活用することも有効である。職業選択にあたっては，まずはどのような職業がある

[*2] 児童養護施設児は厚生労働省家庭福祉課調べ（「社会的養護の現況に関する調査」）。全中卒者・全高卒者は学校基本調査（平成30年5月1日現在）。

[*3] 自立援助ホームで生活する4年制大学等に就学中の子どもについては，2017（平成29）年度より，22歳の年度末まで入所できることとなった。

のかを知り，その仕事に必要な知識や技術，資格，適性などを調べ，加えて収入や労働環境，将来性などの現実的な部分も考慮に入れながら選択していくことも大切である。また，学校などで実施されている職業体験やアルバイトなどは実社会の仕事を体験できる貴重な機会である。したがって，子ども自身が主体的に職業選択できるように学校と情報交換を活発に図り，連携を強めていくことも重要である。

表 10-1　高等学校等卒業後の進路

		平成25年度		平成26年度		平成27年度		平成28年度		平成29年度	
		人数	%	人数	%	人数	%	人数	%	人数	%
児童養護施設児		1,721	100.0	1,800	100.0	1,818	100.0	1,684	100.0	1,715	100.0
進学	大学等	197	11.4	200	11.1	226	12.4	239	14.2	276	16.1
	専修学校等	193	11.2	219	12.2	211	11.6	217	12.9	253	14.8
就職		1,221	70.9	1,267	70.4	1,280	70.4	1,132	67.2	1,072	62.5
その他		110	6.4	114	6.3	101	5.6	96	5.7	114	6.6
(参考) 全高卒者 (単位：千人)		1,047	100.0	1,064	100.0	1,137	100.0	1,148	100.0	1,136	100.0
進学	大学等	563	53.8	580	54.5	593	52.2	599	52.2	592	52.1
	専修学校等	242	23.1	239	22.5	249	21.9	250	21.7	246	21.7
就職		183	17.4	189	17.8	205	18.0	206	18.0	203	17.9
その他		60	5.7	56	5.3	89	7.8	93	8.1	95	8.4

※ 各年度末に高等学校等を卒業した児童のうち，翌年度5月1日現在の進路。
※「大学等」は，大学，短期大学，高等専門学校高等課程。
※「専修学校等」は，学校教育法に基づく専修学校及び各種学校，並びに職業能力開発促進法に基づく公共職業訓練施設。
(出典) 厚生労働省子ども家庭局家庭福祉課：社会的養育の推進に向けて，2019

■引用文献■
1) 内閣府・文部科学省・厚生労働省：大綱を踏まえた平成27年概算要求について，子どもの貧困対策会議（第2回）資料，2014

■参考文献■
・大阪府社会福祉協議会児童施設部会・援助指針策定委員会：児童福祉施設援助指針，2012
・厚生労働省雇用均等・児童家庭局長通知：児童養護施設運営指針，2012年3月29日

演習⑩　進路・進学について考えてみよう

グループの設定

4～6人程度のグループをつくる。

グループでの話し合い

以下のテーマについて，各自調べて，用紙にまとめて話し合う。

① 　グループの中で，メンバーそれぞれが思い浮かぶ仕事の職種を出し合い，その中から2～3ほど選び，その仕事に必要な知識，技術，資格，適性，収入や労働環境，将来性，求人状況などについて詳しく調べてみよう。

【考えるヒント】

　世の中にはさまざまな仕事が存在する。その仕事が社会の中でどのように役立っているのか，やりがいは何か，将来性についてなど，詳しく調べ知ることにより，どのような発見や気づきがあったのかを考えてみよう。

② 　児童養護施設などの施設出身者が大学に進学するにあたって，どのような困難や課題があるのか考え，そのための支援策についてまとめてみよう。

【考えるヒント】

　児童養護施設出身者の4年制大学の進学率の低さの要因は何なのか，物理的，心理的，経済的，さまざまな側面から考え，現在行われている支援について公的，私的を問わず調べてまとめてみよう。

発　　　表

全体でまとめた内容をグループごとに発表する。

振 り 返 り

グループでの話し合い，ほかのグループの発表を聞いて考えたことを話し合う。そのうえでレポートにまとめる。

第11章 対人関係・社会生活にかかわる専門的技術

1. 対人関係にかかわる支援

　児童養護施設の入所児の多くが，虐待を受けた経験を持っている。こうした家庭環境下で育った子どもの中には，感情のコントロール，対人関係，衝動性などに困難を抱える者も多い。特に，大人に対して強い不信感を抱いている場合もあるので，入所前後のかかわりとして，まずは職員との信頼関係の構築をしていくことが重要な課題となる。そのためには，子どもとのかかわり，子ども間での関係構築への支援などについて理解したうえでの対応が必要となってくる。

（1）信頼関係の形成

　施設で働く職員，そしてそこで生活する子ども，お互いに必要なものとして信頼関係の形成がある。日常生活において，悩みや困ったことがあるときに助けを求める人物は「この人なら自分の力になってくれる」という確信が持てる者であろう。施設生活を送る中で，自分が自分らしくいることができるためにも，お互いの理解を深め，信頼し合える関係を築くことが何よりも重要である。では，信頼関係はどのようにして形成されるのであろうか。

　まずは，安心して施設での生活が送れるように生活環境を整備することが大事である。衣食住の満たされた安定した生活を送ることで，心にゆとりが生まれ，人を受け入れることができる。特に，入所間もない時期は，先の見えぬ不安な状態であることが多いので，早く新しい生活になじめるように，言葉がけや表情，態度など十分に配慮する必要がある。また，信頼関係形成にはお互い円滑なコミュニケーションを図っていくことが求められる。

　コミュニケーションは大きく分けて，①言葉を介して行われる言語的コミュニケーション（バーバルコミュニケーション），②顔の表情や身振り手振りなどを介して行われる非言語的コミュニケーション（ノンバーバルコミュニケーション）の二つがある。「目は口ほどにものを言う」ということわざがあるが，子どもと接する際には，言葉だけではなく，自分がどのような表情，態度をとっているのかといった非言語コミュニケーションにも注意を払っていかなければならない。

　また，子どもの声に耳を傾ける，つまり傾聴することも重要である。傾聴とは共感的，受容的な態度で耳と心を傾け熱心に聴くことである。「子どもに対して何かしてやりたい」という思いが強すぎると，あれこれとこちらから一方的に働きかけ

たり，指導してしまいがちである。熱意があることは大切だが，これでは子どもの本当のニーズを知る機会を失っているのかもしれない。したがって，こちらが「待つ」ことや子どもの話に関心を持って聴いて，その思いを受けとめ，ともに寄り添う姿勢が必要であり，このような関係のもとで初めて子どもとの信頼関係が形成されていくのである。

（2）子ども間での関係の構築

先にも述べたように，子どもたちの中には感情のコントロール，対人関係，衝動性などに困難を抱える者もおり，こうしたことから子ども同士の間でのトラブルも多く発生する。人間関係を構築する経験が不足しているため，その術（すべ）を知らないこともその原因の一つであるが，施設での集団生活を通して，同年代や異年齢の子どもとかかわる経験を重ねていくことは，自尊感情や自己肯定感，愛他性を高めたり，社会性の発達にもつながる。

子どもたちが，こうした人間関係を構築していくためには，「遊び」が重要な役割を果たす。子どもたちが互いに協同して遊ぶことは，楽しさや喜びを共有することを経験させてくれ，仲間関係の大切さを教えてくれる。そして，こうした交流を重ね深めていくことで，協力すること，共感すること，助け合うことといった，人とかかわる力が育まれるのである。

職員の支援としては，まずは見守ることが大事であるが，対人不安が強かったり，自分の気持ちをうまく表現できない，また逆に自己主張が強すぎてトラブルになるといったケースについては，間に入り言葉で補足をしたり，手本を見せるといった支援が必要である。

（3）子どもの不適応行動の具体的支援

子どもの不適応行動[*1]に対しては，特に職員の冷静な対応が求められる。例えば，「反抗する」「嘘をつく」「暴言を吐く」といった行動の背景には，育った環境の中で，自分が生き残るために必要な手段であったかもしれない。したがって，こうした不適応行動を起こす子どもに対して，「素直さがない」「正直さがない」「かわいげがない」として「ない」ものを求めるべきではない。「ない」ものを探す代わりとして，その子どもが今，すでに持っている「ある」もの，例えば得意なこと，好きなこと，興味・関心があることなどに焦点を当て注目すべきである。それらを多く見つけ，称賛したり価値あるものとしていくことで，問題視されていた行動が短期間で解消することもある。また，こうした不適応行動に対しては職員間で一貫した対応をしていくことも大切である。そのためには，子どもの起こす行動に対して理解するための，職員間の共通した考え方（理論）が必要である。

ここではその例として「行動」ということについて，焦点を当てた考えである行動変容アプローチについて紹介する。

＊1　不適応行動
社会的環境（社会的・文化的基準）に適合できない場合に現れる行動や反応。

1）行動変容アプローチとは

　行動変容アプローチとは，行動療法の考え方がケースワークに取り入れられ，発展したものである[1]。このアプローチの特徴は，行動に焦点を当て，それらの行動に随伴する一連の関連性に注目することで，行動の変化を図るという手法を用いることである。行動に焦点を当てるということには，大きく二つの利点がある。

　一つは，不適応行動を起こす子どもの原因を，子ども自身のパーソナリティ（性格）や心の中に求めないことである。これは，「あの子はいつも反抗してくる」「あの子はすぐに嘘をつく」といった，子どもに対する「レッテル貼り」を避けることができる点である。もう一つは，行動という客観的に観察可能なものを取り上げるので，それらを測定することができる点である。注目すべき行動について，定義づけを行うと，それらの行動の回数を誰もが客観的に数値化することができ，支援前と支援後による効果を確認することが可能となる。このように行動変容アプローチは，注目すべきはあくまで行動であり，その行動は環境との相互作用で生じているという視点でとらえている。

2）行動変容アプローチによる支援方法

　行動変容アプローチでは行動の前後関係に注目し，その変化を見ている。これらの流れは「先行刺激（antecedent stimulus）─行動（behavior）─後続刺激（consequent stimulus）」となり，こうした行動の流れを見ていくことを，これらのアルファベットの頭文字をとり ABC 分析と呼んでいる。

　この分析手法を用いることのメリットは，先述したように不適応行動を障害や本人の性格に求めないことである。つまり，行動は直前の状況とその直後に起こる後続刺激に影響されるということに焦点を当てて考えるのである。この分析手法を用いることで，施設職員は子どもの問題行動について感情的になる必要なく，行動の前後を冷静に観察することにより，その行動の原因を推察していくことができる。

　例えば，子ども同士間でのトラブルに関する事例を考えてみる。食後の自由時間に，A 君は同い年の B 君を叩いて泣かせてしまうといったことが頻繁に起き，担当保育士が何度注意しても，改善がみられず困っていた。これらの行動についてABC 分析を行った結果，図 11 - 1 のようになった。

　このようにまとめてみると，A 君が B 君を叩いた直後に，担当保育士が A 君の

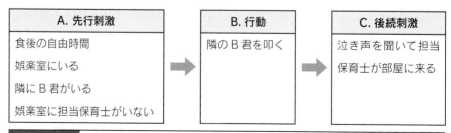

A. 先行刺激	B. 行動	C. 後続刺激
食後の自由時間 娯楽室にいる 隣に B 君がいる 娯楽室に担当保育士がいない	隣の B 君を叩く	泣き声を聞いて担当保育士が部屋に来る

図 11-1　ABC 分析

もとに来て，注目というA君にとってメリットとなる刺激を与えていることが，A君の叩く行動を強めていると推測できる。これを確認するためには，普段どれくらいA君の叩き行動があるのかをカウントし，そのうえで介入していくことでその介入効果を見ることができる。こうした手立てについては，ケースワークにおける基本的な援助過程である，インテーク，アセスメント，プランニング，インターベンション，モニタリング，エヴァリュエーションといった手順と共通する部分が多いので，違和感なく活用できるであろう。

以上のように，施設職員間で一定の指導上の一貫性を図るためには，専門的な理論やスキルを備え，それらを職員間の共通言語としていくことは重要なことである。職員としての経験が長いからといって専門職者としてのスキルが高いとは限らない。実践者として，その実践を支える理論を持つことが，専門性を高めることにつながるのである。したがって，エビデンス*2 に基づく実践を心がけ，常に自己研鑽（さん）していくことが施設職員には求められる。

2. 社会生活にかかわる支援

(1) 社 会 規 範

社会規範とは，私たちが社会の中で生活するうえで，守るべきルールであり，社会の秩序の維持や円滑な人間関係を形成していくためにも必要な意識である。社会規範は施設生活だけでなく，学校生活や地域社会などさまざまな場面の中から身につけていくものであり，単に「ルールを守る」というだけのものではない。他者と協同することで，一つの目的を達成したり，互いに折り合いをつけることで問題解決を図ったりと，多様な経験を通して規範意識が芽生え，培われていくものである。

施設の子どもたちの中には，育った環境上の理由により他者とのかかわりが乏しかったため，他者と頻繁にトラブルになったり，ルールを守ることに意義を見出すことができない者もいる。したがって，職員は子どもたちに，社会の中にはよいこと，悪いことがあり，それらを「考えて行動」することの大切さ，自分の生活にかかわるさまざまな人に対して，思いやりを持ち，親切にするといったことを，施設生活を通し，丁寧に教えていく必要がある。特に，人間関係を円滑にするためには，挨拶や感謝，謝罪といった言葉は大切であり，まずは施設職員がこうした見本となる行動を日常生活の中で示していくことが重要である。

表11－1は，社会的養護の当事者参加推進団体の発行しているハンドブックの目次の一部である。社会生活を送る中で，当事者が実際に困った内容をQ&A形式でわかりやすく紹介している。これを見ると，社会に出た際，マナーや礼儀，メンタルヘルスなどにおいて困難を感じていることがわかる。

また，社会的養護施設退所者を対象とした別の調査*3 では，「退所前後教育は行

*2 エビデンス
evidence，証拠や根拠の意。医療においては，薬や治療方法，検査方法などがよいと判断できる証拠という意味で使われる。対人援助においては，その援助が効果的と判断できる根拠。

*3 特定非営利活動法人杜の家：平成25年度岡山市市民協働推進モデル事業：施設児童退所支援のための実態調査報告書，2014，p.14より。

表11-1	社会的養護の当事者が社会に出で実際に困ったこと
生　活　編	一人の食事って…？ やりくりがわからないよ 社会保険ってどうするの？ 買い物って難しい。値段がよくわからない！ どうやって健康管理したらいいの？ 一人の時間の過ごし方がわからない 自分に合った仕事って？ 冠婚葬祭（結婚式・お葬式）のマナーがわからない 妊娠した 子育ての仕方がわからない 新聞や宗教の勧誘を断れない 保証人がいなくなって困った お金がない！
人間関係編	お礼をせずに叱られた 注意してくれる人は大切にしよう 私も自分の親のようにしか生きられないのかな？ 自分の親はどこにいるのかな？生きているのかな？ 周りの親のことで嫌なことを言われてしまう 親やきょうだいがお金を借りに来る 一緒に暮らしていた施設の子に裏の（違法な）仕事を勧められる 友達ができないよ～ 異性とうまく付き合うって？
メンタル編	感情のコントロールができない 眠れない たまったストレスはどうすればいい？ 帰るところがない不安感・将来に対する不安感が拭えない お正月・イベント事一人が寂しい どういう生き方をすればいいんだろう

（資料）社会的養護の当事者参加推進団体日向ぼっこ：日向ぼっこハンドブック，2009，目次より作成

われているが，退所後もサポートが必要なもの」として「社会人としてのルール・マナー」が挙がっている。

　以上のことからも，社会規範やマナーについては，施設入所中のみならず，アフターケアとしても十分にサポートしていく必要がある。

(2)「性」への対応

1)「性」に関する職員の対応

「性」について意識すること，興味を持つことは，子どもの成長過程の中で必要なことである。「性」に対する考え方は多様であるため，職員間でもその受けとめ方は異なるだろう。子どもに「性」に対する支援は必要であると感じながらも，「性」に対する教育や指導について，職員もなかなか積極的にできない現状がある。なぜなら，この子どもの「性」ついて向き合うことは，自分自身の性意識についても向き合わなければならないからである。

しかしながら，子どもたちに「性」についての正しい知識を理解してもらうことは極めて重要なことであり，このことについて向き合い，話し合えるような環境をつくり上げる必要がある。そのためには，まず職員間の「性」に対する共通した姿勢を示していかなければならない。つまり，職員個人の「性」に関する考え方とは別に，施設としての共通した「性」に関する価値観を持ち，職員同士が性問題について，臆することなく話し合える風土をつくることで，誰もが適切な対応をとることができるのである。

2) 性被害を受けた子どもの対応

性被害を受けた子どものケアは特に慎重に行う必要がある。性被害による子どものトラウマは筆舌に尽くし難いものがある。中には子ども自身が被害にあいながらも，自分に非があると考え，自尊感情や自己肯定感が極端に低い者も多い。虐待者との間に「服従―被服従」の関係性が築かれ，恐怖や苦痛から逃れられない経験をすると，自分ではどうすることもできないという「無力感（学習性絶望感）」が生まれる。この感覚を，消し去る方法として，ときには虐待者がしてきたことを施設内の他の子どもに再現する，「虐待の再現」が起こり，これが連鎖的に施設の中で発展していくこともある。

対応としては，まずは生活環境を整え，施設は安心して暮らせるという実感が得られるようにすることや，誕生会などを通して，自分がかけがえのない尊い存在として生まれ，命の尊さについて見つめ直すことができるような機会を設けるなどの配慮が必要である。また，プライベートゾーンやプライベートパーツ，人との距離感，身体接触に関するルールなどについて，年齢や発達段階に応じて説明を行っていくことも重要である。

表11－2は，子どもに性教育をする施設職員のためのチェックリストである。これらの項目をチェックすることで，職員の性教育に対する姿勢と，自身が子どもの現実をどの程度把握できているのかを確認することができる内容となっている。

3) 経 済 観 念

社会の中で自立した生活を送るためには，さまざまなスキルが必要となるが，経済観念の確立はその基本といえる。施設生活の中では，お金や物の価値，金銭のやりくり，節約の仕方などを子どもたちが自然に学んでいくような機会は少ない。し

表 11-2　子どもに性教育をするケアワーカーのためのチェックリスト

☐ 1.　自分の性的指向を知っている（そのことで，罪悪感を持ったりしていない）。

☐ 2.　子どもの性的な悩み，疑問に援助したいという姿勢を見せることができる。子どもの性的指向を受け入れられる。

☐ 3.　性教育は，人の尊厳を守るための知識であるので，羞恥心なく肯定的に伝えられる。

☐ 4.　性の科学的な知識を大人と子どもとで共有できている。

☐ 5.　男らしさ女らしさにこだわらない声掛けをしている。

☐ 6.　性別は男と女だけで分けられない場合があると知っている。

☐ 7.　ケアワーカーが子どもにとって気になる異性の存在（刺激）にならない配慮をしている。服装などに十分な注意を払っている。

☐ 8.　死角はいつでもどこでもできると認識し，子どもがどこで何をしているのか常に把握できている。

☐ 9.　勝手に他人の部屋（個室）に出入りしている子どもを止めている。

☐ 10.子どもの年齢・性別・発達を考慮した上で，きれいに身体を洗うことを促している。自分で洗うべきプライベートパーツを教えている。

☐ 11.幼児の頃から身体の細部の名称を教えている。

☐ 12.子どもからの声に出せないサイン（性被害にあっている等）や言動の変化（性器いじり等）を受け止めようとしている。

☐ 13.子ども同士の力関係を理解して介入している。

☐ 14.子ども同士だけで入浴することを止めている。

☐ 15.中高生のマスターベーションを肯定的に受け止めている。そのマナーについて教えている。

☐ 16.子どもに，個でいられる力をつけることをよしとしている（常に集団行動を強制しない）。

☐ 17.大人も子どもの境界内（身体と心）にむやみに配慮のない侵入をしないよう努力をしている（部屋に入るときはノックする・布団を勝手にめくらない・子どもの身体にむやみに触れない等）。また，子ども同士距離が取れるように支援している。

☐ 18.施設で，男子同士の性被害の方が異性間の性被害より多いという事を知っている。

☐ 19.身体接触に頼らないケア技術を用いている。

☐ 20.子ども達だけでテレビをむやみに見せる事をしない等，メディア・リテラシィー（情報を見極め選択する力）を獲得するための支援が行われている。

☐ 21.中高生に幼児や低学年の子どもの世話を頼んでいない。

☐ 22.レイプ被害や妊娠リスク発生時に，中容量ピルの処方など，対応を依頼できる婦人科医を知っている。

☐ 23.性被害にあった子どもに対して嫌悪感を持たない。その子にも非がある等と責めない。

☐ 24.加害行為を行った子に対して嫌悪感を持たない。被害者であったかもしれないという視点を持つことができる。これからも支援していこうとする姿勢を持っている。

☐ 25.年齢にあった様々な性教育の本（性の絵本）が施設内に適切に用意されており，子どもたちが読める，あるいはケアワーカーが適切なコメントと共に，読んであげられる工夫がなされている。

☐ 26.性被害・加害から子どもを守らなくてはならないとケアワーカー同士，常に確認しあっている。

☐ 27.大人と子どもの関係より子ども間の関係の方が強いという状況が生じていない。

（出典）杉山登志郎編：児童養護施設における性虐待対応マニュアル（児童虐待等の子どもの被害，及び子どもの問題行動の予防・介入・ケアに関する研究 平成 17-19 年度 総合研究報告書），2008

たがって，経済観念獲得のための取り組みを施設として意図的に行っていかなければならない。

　例えば，お小遣いの支給は，買い物や貯蓄，お小遣い帳をつけて金銭管理をするといった経験ができ，お金の価値の理解，物を大切にする，計画性が育つといったことが身につく。また，職員と一緒に日用品や衣類の買い物に行き，見て学ぶ経験も子どもにとっては金銭感覚を身につけるうえでよい機会となる。高校生については，自活訓練の一環として，一定の予算内で生活をする体験を積み重ねていくことで，将来の生活のイメージを描くことができ，また，節約や工夫をして暮らす方法を学んでいくことができる。

■引用文献■

1）小林芳郎監修・杉本敏夫編：社会福祉援助技術論，保育出版社，2004，pp.170-172

■参考文献■

・黒沢幸子編：ワークシートでブリーフセラピー，ほんの森出版，2012
・森俊夫：ブリーフセラピーの極意，ほんの森出版，2015
・河野清志：保育相談支援における実践的アプローチの教授について―解決志向アプローチと行動変容アプローチの活用―，福祉倫理学術研究会論集第3巻第1号，2011

演習⓫　癇癪（かんしゃく）を起こす子どもへの対応（外在化）

　小学 1 年生の Q くん（7 歳・男子）は，5 歳のときから児童養護施設で生活をしている。しかし，入所当初から他児とのトラブルが絶えず，職員も困っていた。例えば，順番が待てず割り込んで入りトラブルになったり，勝負ごとに負けたり，ちょっとした失敗をしただけで泣き叫んだり，暴れだして物を投げるといった癇癪行動が日常的にみられた。何度，担当の R 保育士が「順番は守りなさい」「物を投げてはいけません」と注意しても「わかっているけど，ムカムカして止められない」と話し，自分でもどうにもできず困っている様子であった。そこで，R 保育士は施設の心理療法士に相談をした。そして，心理療法士に教えてもらった方法を Q くんに試してみることにした。以下がそのやりとりである。

R 保育士：Q くんがムカムカしちゃうのは，Q くんの中にそうさせる“ヤツ”がいるのかもしれないね。その“ヤツ”が Q くんを困らせているんだ。

Q く ん：（興味がある様子で）“ヤツ”って何？

R 保育士：虫みたいなものかな。Q くんは虫好きでしょ？　その“ヤツ”が Q くんの中にいてムカムカさせちゃってるのかもしれないね。“ヤツ”にはまだ名前がないから名前つけてみて。

Q く ん：う〜ん，じゃあムカムカさせるのでムカムカ虫！

R 保育士：その名前いいね。それで，そのムカムカ虫はどんなときに悪さすると思う？

Q く ん：じゃんけんに負けたときかな。この前，おもちゃの取り合いでじゃんけんして負けて，S ちゃん叩いちゃったから。

R 保育士：そんなこともあったね。そのときに，ムカムカ虫が暴れだしたんだね。ムカムカ虫は何を食べてるのかな？　苦手なことは？　ムカムカ虫のいいところはある？　倒すためにはどんなことすればいい？

　このように R 保育士は，Q くんの癇癪行動を「ムカムカ虫」という虫の仕業ということにし，ともにこの虫に対して戦っていく構図をつくり上げた。その後，Q くんが問題行動を起こしたときには，この「ムカムカ虫」のことについて取り上げ，Q くんとどうしたら「やっつけられるか」話し合うようになった。R 保育士が Q くんに対し，このような対処法をとるようになってから，Q くんの癇癪行動は劇的に減少した。

支援の視点

① 　事例のような Q くんの起こす問題行動を「外在化」することにどのようなメリットがあるだろうか。

② 　「注意をする」「叱る」ということのメリット，デメリットはどのようなことが考えられるか。

③　事例のような子どもの起こす問題行動について，「注意をする」「叱る」という
　方法の他に，どのような手立て（アイデア）が考えられるか。

考　　　察

　一般的に，子どもの問題行動，不適応行動に対しては「注意する」「叱る」とい
う方法で対処しがちである。しかし，育った環境上の理由により他者とのかかわり
が乏しかったり，虐待などにより自尊感情の低い子どもに対しては，そうした方法
は必ずしも有効ではない。問題行動を起こす子ども自身も，その問題行動に「困ら
されている」こともある。そうしたときに，専門職者としてどのような視点で支援
していくべきか，冷静に考え，一つの方法に固執するのではなく，これまでの経験
や知識をもとにアイデアを生み出していく柔軟な発想も必要である。

演　　　習

①　2名一組のグループをつくる。
②　2人の中で「話し手」「聴き手」を決める。
③　「話し手」は以下の内容を順に尋ね，メモをとる。終われば役割を交代する。
　1）最近，困っていることや苦手なこと。
　2）その困ってること，苦手なことに「聴き手」がニックネームをつける。以下
　　その名前を使って「話し手」は質問をする（例：○○虫，○○心など）。
　3）「○○虫」の生態調査の確認（出没時間・場所・好物・苦手・天敵など）。
　4）「○○虫」の被害調査の確認（被害状況・被害範囲・被害者・「○○虫」はいいと
　　ころもあるかなど）。
　5）「○○虫」の今後の対処方針の確認（やっつける・手なずける・逃げるなど）。
　6）「○○虫」の今後の対処方法の確認（具体的な対処方法について考える）。
④　各グループで作成したメモを別のグループに渡し，順に回し読みをする。

演習のねらい

　この演習は，ナラティブセラピーで用いられる外在化を体験的に学ぶことを
目的としている。事例の内容を，「話し手」「聴き手」の両方体験することで，「話
し手」は質問する際，どのような点に注意すべきか，手順や質問方法などのポ
イントをつかむことができ，「聴き手」は，問題の内在化と外在化の違いにつ
いて体験的に理解することができる。メモ用紙は白紙のA4でもかまわないが，
質問項目を入れた書き込み式のワークシートを事前に作成したほうが，グルー
プワークがより円滑に進む。
　事前の説明に15分，グループワークに30〜35分，作成したメモの情報
共通に15分と，全体で1時間程度を想定している。

第12章 家庭支援のための ソーシャルワーク

1. 家庭との連携

（1）家庭支援の視点

　施設に入所している子どもにとっても家族の存在は重要なものである。児童養護施設運営指針や乳児院運営指針などでも家族への支援について述べられているように，施設においても常に家族との関係を意識しながら支援していかなければならない。

　そのために施設では，児童相談所や家族の住む市町村と連携し，子どもと家族との関係調整を図ったり，家族からの相談に応じる体制づくりを行うことが重要となる。家族との関係調整については，定例的かつ必要に応じて児童相談所と家族の状況や入所後の経過について情報を共有し，協議を行い，また，家族の所在する市町村と協議を行うことが求められる。

　さらに，後述する親子関係の再構築等のためにも，家族への支援に積極的に取り組むことは重要である。そのために施設では，保護者の相談に積極的に応じるための保護者面接の設定などの専門的なカウンセリング機能の充実に努めたり，親子生活訓練室の活用や家族療法事業の実施といった子どもと保護者との関係回復に向けた支援を行ったりすることが求められる。

　このような施設に入所している子どもの早期の家庭復帰等を支援する体制を強化するとともに，虐待を受けた子どもに対する適切な援助体制を確保するために，施設には家庭支援専門相談員（ファミリーソーシャルワーカー）や心理療法担当職員などが配置されることになっている。

　家庭支援専門相談員は，①子どもの早期家庭復帰のための保護者に対する相談援助業務，②退所後の子どもに対する継続的な相談援助，③児童相談所などの関係機関との連絡・調整などの業務を行っている。また，心理療法担当職員は，虐待などによる心的外傷のために心理療法を必要とする子どもなどに遊戯療法，カウンセリングなどの心理療法を行い，心理的な困難を改善し，安心感・安全感の再形成および人間関係の修正等を図ることにより，子どもの自立を支援している。

　それぞれの施設において，日常的なケアワークを行う保育士等とは独立した専門職として家庭支援専門相談員や心理療法担当職員などを配置し，その役割を明示することで家庭支援を積極的に行っていくことが求められる。

(2) 家族との面会・外出・一時帰宅

　子どもと家族の関係づくりのためには，家族との面会や外出，一時帰宅などを積極的に行うことが重要である。その際，児童相談所と協議を行い，方針を共有したうえで実施する。

　面会や外出，一時帰宅の際に，保護者が施設を訪問してきたときは温かく迎えるとともに，子どもの生活の様子や成長を伝えて家族とともに子どもの成長を共有する必要がある。初回の場合は，子どもと保護者の双方に緊張や不安があることが考えられるため，職員が立ち会い場の雰囲気を和ませるなど，子どもや家族の緊張や不安を和らげるための配慮を行うことも求められる。

　また，面会や外出，一時帰宅のときは保護者と面接を行うことで家族の現状を把握することも必要である。子どもの入所後に家族の状況は，保護者の離婚，再婚，復縁，きょうだいの出生，保護者の勤務状況，経済的状況など変化することがある。そのような変化を把握して児童相談所と共有することで家族の支援につなげていくことが重要である。さらに，保護者だけでなく面会や外出，一時帰宅の後に子どもから様子を聞いたり，虐待ケースの場合は子どもの身体に傷などがないかを確認したりすることも必要である。

　家族に対しては，このような面会，外出，一時帰宅だけでなく，学校行事などへの参加を働きかけたり，親子が必要な期間を一緒に過ごせるような宿泊設備を施設内に設けたりすることも重要である。

　しかし，施設で生活している子どもの中には，面会，外出，一時帰宅などの家族との交流が見込めず，入所期間が長期に及ぶ子どもがいる。そのような場合には，里親委託について児童相談所と協議したり，週末里親*1 をはじめとしたボランティア家庭等を利用することで家庭生活を体験させるといったことを検討することが求められる。

*1　週末里親
　親との面会・外出・一時帰宅の機会が少ない子どもを，週末などに月1回程度，家庭に迎え入れるボランティア。

2. 親子関係の再構築に向けた支援

(1) 親子関係再構築の視点

1) 親子関係再構築の定義

　2014（平成26）年に親子関係再構築支援ワーキンググループが作成した「社会的養護関係施設における親子関係再構築支援ガイドライン」によると，親子関係再構築は「子どもと親がその相互の肯定的なつながりを主体的に回復すること」と定義されている。家族の状況によって分類すると，具体的な親子関係再構築支援の種類は図12−1のようになる。

　まず，子ども虐待等によって子どもと親が分離となった家族に対しては，①家庭復帰，②分離のまま親子関係再構築，③永続的な養育の場の三つの支援がある。第

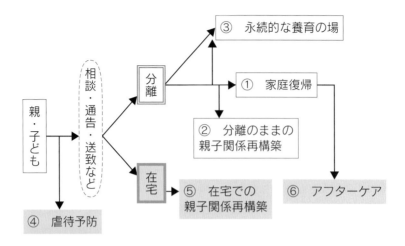

（出典）親子関係再構築支援ワーキンググループ：社会的養護関係施設における親子関係
　　　　再構築支援ガイドライン，2014，p.6

1の家庭復帰は，親の養育行動と親子関係の改善を図り，子どもが家庭に復帰するための支援である。第2の分離のまま親子関係再構築は，家庭復帰が困難な場合は，親子が一定の距離をとった交流を続けながら，納得してお互いを受け入れ認め合う親子の関係を構築するための支援である。第3の永続的な養育の場は，現実の親子の交流が望ましくない場合，あるいは親子の交流がない場合は，子どもが生い立ちや親との関係の心の整理をしつつ，永続的な養育を受けることのできる場を提供する支援である。

　ともに暮らす親子に対しては，①虐待予防，②在宅での親子関係再構築，③アフターケアの三つの支援がある。①の虐待予防は，虐待リスクを軽減し，虐待を予防するための支援であり，②の在宅での親子関係再構築は，不適切な養育を改善し，親子関係を再構築し維持するための支援である。③のアフターケアは，家庭復帰後等における虐待の再発を防止し，良好な親子関係を維持するための支援である。

2）家庭復帰の際の支援

　親子関係再構築は子ども，家族，児童福祉施設，児童相談所等が協働し，さまざまな支援プログラムと段階的な親子交流を経て取り組んでいくプロセスである。しかし，すべてのケースにおいて家庭復帰が実現するわけではない。むしろ実現できないケースのほうが多く，家庭復帰が実現するのは子どもの安全・安心が確実に担保されるケースに限られる。

　親子関係再構築に向けた取り組みの成果をふまえて家庭復帰が慎重に検討されることになる。「社会的養護関係施設における親子関係再構築支援ガイドライン」には，家庭復帰の際の支援について，①家庭復帰とアセスメント，②家庭復帰にあたってのアセスメントの視点，③家庭復帰にあたっての関係機関とのネットワークと在宅

支援，④児童福祉施設と児童相談所の連携，の四つの視点が挙げられている。

第1の家庭復帰とアセスメントについては，臨床的なアセスメントとリスクアセスメントが必要である。臨床的なアセスメントは，さまざまなケアによって子どもおよび保護者の課題，親子の関係性の課題がどのように変化したか，どのような課題が残っているのかということに焦点を当てたアセスメントである。リスクアセスメントは，臨床的なアセスメントと密接な関係はありながらも，子どもの安全・安心に厳格に焦点を当てたアセスメントである。

第2の家庭復帰にあたってのアセスメントの視点としては，「家庭復帰の適否を判断するためのチェックリスト」*2 が通知されている（表12 − 1）。これらの通知が家庭復帰にあたっての評価項目の最低ラインであることを十分認識して，児童相談所は子どもの安全・安心についての組織的な判断を行わなければならない。

第3の家庭復帰にあたっての関係機関とのネットワークと在宅支援については，児童相談所が中核となって関係機関との連携，ネットワークによる支援が確実に，重層的に構築されなければならない。また，家庭復帰する地域の要保護児童対策地域協議会は関係機関の連携の要であり，家庭復帰にあたっては施設入所中から関係機関でケースを共有し，児童福祉施設で行われた養護と家庭復帰後の在宅支援を切れ目のないようにつなげていくことが必要とされる。

第4の児童福祉施設と児童相談所の連携については，家庭復帰にあたっては一定期間の措置停止を行い，特に環境的な変化が著しい期間は「何かあれば」すぐに児童福祉施設に戻れる体制を組むことが必要であり，児童相談所は児童福祉施設と十分協議をして，措置解除を決定しなければならない。

3) 家庭復帰による退所の条件

家庭復帰による施設退所の条件としては，子どもにとって家庭での生活が安全なものになったか，保護者への地域での支援体制が構築できたかということがが重要になる。保護者支援の成果が得られ，家庭復帰を進めるためには，関係機関と協議し，子ども，保護者，家庭環境，地域支援機能において，家庭復帰可能な状況との評価が得られることが必要になる。

家庭復帰の方針決定後は，家族交流を進展させるために面会や外出，一時帰宅の頻度，期間を増やして家庭での生活への移行を進めるとともに，家庭復帰後に通園する予定の保育所，幼稚園，学校との情報交換，支援方法の協議を進めていくことが求められる。

(2) 親子関係再構築プログラム

親子関係再構築に向けては，親に対するプログラムや親子関係を改善するプログラムなどさまざまな支援プログラムが普及してきている（表12 − 2）。

施設や児童相談所においては，このような支援プログラムに取り組む動機づけ，不安の軽減など必要な働きかけを行うことで家族が継続的に取り組めるように支援

*2　家庭復帰の適否を判断するためのチェックリスト
2008（平成20）年3月に厚生労働省雇用均等・児童家庭局総務課長から「児童虐待を行った保護者に対する指導・支援の充実について」（雇児総発第0314001号）の別添チェックリスト「家庭復帰の適否を判断するためのチェックリスト」が通知されている。さらに，2012（平成24）年11月には「措置解除等に伴い家庭復帰した児童の安全確保の徹底について」（雇児総発1101第3号）が通知されている。

表 12-1　家庭復帰の適否を判断するためのチェックリスト

氏名　　　　　　　　　　　再統合対象者
（　　　　　　　　　　）（　　　　　　　　　　　　　）　　　　記入日（　　　　年　　月　　　日）

		チェックの視点	チェック項目（該当欄に○をつける）	はい	ややはい	ややいいえ	いいえ	不明	特記事項
経過	1	交流状況	面会・外泊等を計画的に実施し，経過が良好である						
	2	施設等の判断	施設・里親等が家庭引取りを進めることが適切だと考えている						
子ども	3	乳児非該当 家庭復帰の希望	家庭復帰を望んでいる（真の希望でない場合は●）						
	4	保護者への思い，愛着	保護者に対する恐怖心はなく，安心・安定した自然な接触ができる						
	5	健康・発育の状況	成長・発達が順調である						
	6	対人関係，情緒の安定	乳児非該当 対人関係や集団適応に問題はなく，情緒面は安定している						
			乳児項目 主たる保育者との関係において問題はなく，情緒面は安定している						
	7	乳児非該当 リスク回避能力	虐待の再発等危機状況にあるとき，相談するなどして危機回避ができる						
保護者	8	引取りの希望	家庭引取りを希望している（真の希望でない場合，依存的要素を含む強すぎる希望は●）						
	9	虐待の事実を認めていること	虐待の事実を認め，問題解決に取り組んでいる						
	10	子どもの立場に立った見方	子どもの立場や気持ちをくみ取りながら子育てができる						
	11	衝動のコントロール	子どもへの怒りや衝動を適切にコントロールできる						
	12	精神的安定	精神的に安定している（必要に応じて医療機関とのかかわりがもてる）						
	13	養育の知識・技術	子どもの年齢，発達あるいは場面に応じ，適切な養育ができる						
	14	関係機関への援助関係構築の意思	児童相談所や地域の関係機関と良好な相談関係が持て，適宜必要な援助が求められる						
家庭環境	15	地域，近隣における孤立，トラブル	近隣から必要なときに援助が得られる						
	16	親族との関係	親族から必要なときに援助が得られる						
	17	生活基盤の安定	経済面，住環境面での生活基盤が安定的に確保されている						
	18	子どもの心理的居場所	家族関係が良好で，家庭内に子どもの心理的な居場所がある						
地域	19	地域の受け入れ体制	公的機関等による支援体制が確保されている						
	20	地域の支援機能	支援の中心となる機関があり，各機関が連携して支援が行える						
		評価	A　家庭復帰を進める B　家庭復帰に課題あり C　家庭復帰は不可 （B，Cの場合，その理由を記入）						

（出典）厚生労働省雇用均等・児童家庭局総務課長通知「児童虐待を行った保護者に対する指導・支援の充実について」別添チェックリスト，平成 20 年 3 月 14 日

表 12-2	親支援の方法およびプログラム		
ソーシャル サポート	養育環境調整・支援の分野であり，さまざまな社会資源を家族のニーズに応じて選択し提供することで，家族の養育力を補っていく	保育園の利用，ヘルパーの派遣，公的扶助の受給 地域資源（保健，福祉，教育）・親族・友人等のネットワーク促進	
治療的・教育的プログラム（支援）	子どもとのかかわりに焦点を当て，日常的な子育てのスキルを高め，今ある子どもとのかかわりに具体的に役立てる	コモンセンス・ペアレンティング，精研式ペアレントトレーニング，トリプル P，Nobody's Perfect プログラム，PCIT，CARE	AF-CBT MY TREE ペアレンツ・プログラム
	親自身の内的なテーマに焦点を当て，親自身のトラウマや原家族との関係や育ちのテーマを治療的に扱う	親グループ（母親グループ，父親グループ） MCG さまざまな心理療法，トラウマ治療，精神医学的治療	

（資料）親子関係再構築支援ワーキンググループ：社会的養護関係施設における親子関係再構築支援ガイドライン，2014，p.39 より作成

していくことが必要とされる。

　また，これらの支援プログラムは施設や児童相談所が直接プログラムを実施するだけでなく，親が居住する地域の専門機関や NPO*3 などが実施しているプログラムを活用するために，児童相談所や関係機関と連絡を密に行い，このようなプログラムにつなげる支援を行うことが求められる。

　さらに，精神医学的治療や心理療法，トラウマ治療を受けることが回復に有効なこともあり，児童相談所と連携しながら治療につなげていくことも必要である。

　「社会的養護関係施設における親子関係再構築支援ガイドライン」には，親子関係再構築に向けての具体的な支援プログラムとして，以下のようなものが挙げられている。

1) コモンセンス・ペアレンティング（CSP = Common Sense Parenting）

　アメリカのボーイズタウンで開発された「被虐待児の保護者支援」のペアレンティングトレーニングのプログラムである。暴力や暴言を使わずに子どもを育てる技術を親に伝えることで，虐待の予防や回復を目指す。2005（平成 17）年に児童養護施設「神戸少年の町」で日本版が作成され，日本でも普及活動が始まった。

2) 精研式（まめの木式）ペアレントトレーニング

　アメリカ・カリフォルニア大学ロサンゼルス校で開発され，国立精神・神経センター（現：国立精神・神経医療研究センター）精神保健研究所児童・思春期精神保健部で日本の現状に合わせて調整されたプログラムである。養育スキルを向上させることで，親子関係の悪循環を断ち，安定した親子関係を育めるようにし，親子が平和的に暮らせることを目指している。

*3 NPO
　Nonprofit Organization，特定非営利活動法人。特定非営利活動促進法に基づき，特定非営利活動を行う団体に法人格を付与すること等により，ボランティア活動をはじめとする市民の自由な社会貢献活動を目的とした法人。

3）トリプル P（Positive Parenting Program：前向き子育てプログラム）

　幼児からティーンエイジャーまでの子どもの行動・情緒問題の予防と治療を目的につくられた。プログラムで使用される 17 の技法の半数以上が，前向きな関係・態度・行動の形成に焦点が置かれている。家庭・学校・地域で子どもの問題が発生する前に予防すること，そして子どもたちの可能性を発揮させるために彼らを励ます家庭環境をつくり出すことをゴールとしている。

4）Nobody's Perfect（NP）プログラム

　カナダ政府によって開発，広められた予防型プログラムである。0 ～ 5 歳の子どもの親が 10 人ほどのグループで互いの経験やアイデアを交換，テキストも参考にしつつ子どもや子育ての基礎知識を学び，親としての力と自信を高めていく。

5）PCIT（Parent-Child Interaction Therapy：親子相互交流療法）

　1970 年代，アメリカ・フロリダ大学の Sheira Eyberg 博士によって考案・開発された療法で，親子間の愛着（アタッチメント）の回復と養育者の適切な指示の出し方（しつけ）の習得の二つの柱を中心概念とした行動療法である。トランシーバーを使い，マジックミラー越しに（あるいはビデオ画面を見ながら），部屋の外にいるセラピストから子どもと遊ぶ養育者に対して，どうすればよいかをわかりやすく具体的に伝えるライブ・コーチングが特徴である。

6）CARE（Child-Adult Relationship Enhancement：子どもと大人のきずなを深めるプログラム）

　アメリカのオハイオ州シンシナティ子ども病院で開発された，子どもとかかわる大人のための心理教育的介入プログラムである。子どもとの間に温かな関係を築き，関係をよりよくする際に大切なことを，ロールプレイを用いながら体験的に学んでいき，子どもとのきずなを深めることを目指している。

7）AF-CBT（Alternatives for Families：A Cognitive-Behavioral Therapy：家族のための代替案：認知行動療法）

　アメリカ・ピッツバーグ大学の David J.Kolko 博士により開発された，家族内の暴力を巡る葛藤にさらされていたり，過度な体罰によるしつけや虐待的なかかわりを受けてきたりした子どもとその家族の回復を助けるプログラムである。親だけでなく，子ども（5 ～ 17 歳）も治療に参加するため，親と子どもと親子関係に対して，それぞれ治療的な介入ができることが特徴である。

8）MY TREE ペアレンツ・プログラム

　2001（平成 13）年に森田ゆりによって開発された，虐待した親の全体性の回復をエンパワメントするプログラムである。約 10 人の親でグループをつくり，2 ～ 3 人のファシリテーターがかかわる。「セルフケア」と「問題解決力」をつけることにより子どもへの虐待をやめることを目的としている。毎回のセッションは，心理教育を中心にした「まなびのワーク」と自分のことを語る「自分をトーク」で構成されている。

9) MCG（Mother & Child Group：母と子の関係を考える会）

子どもの虐待防止センターが，電話相談でかかわっていた，自分を責めながら大切なわが子を傷つけることをやめられない母親たちを対象に，1992（平成4）年に開始した援助者がファシリテーターを務める治療的自助グループである。自分は一人ではないと感じさせる仲間と，安心して苦しい胸のうちを自由に話し，自分の本当の気持ちや子ども時代の体験（被虐待体験など）に気づいていく場を提供していて，虐待行為を減らすことに効果をあげている。現在は，民間団体だけでなく，保健所や児童相談所でも実施している。

演習⑫　施設職員と利用者家族のロールプレイ

■ グループの設定

- 1グループの人数は3〜4人として，グループをつくる。
- グループの中で，施設職員役1人，母親役1人，父親役1人（3人グループの場合は母親，父親のいずれかを選ぶ），観察者役1人を決める。

■ ロールプレイ

① 一時帰宅後の親との面接場面のロールプレイを行う（5〜10分）。

【ロールプレイのヒント】

事前に子どもの入所理由や母親，父親の状況の設定についてグループ内で考えて統一しておく。あくまでも学びを深めるためのロールプレイなので，複雑な設定は避けるほうがよい。

② ロールプレイ終了後，感想等を記載する。施設職員役は実際に面接を体験してみての感想などを記載する。母親・父親役は実際に面接を受けてみてどのように感じたかなど，施設職員役への感想，アドバイスなどを記載する。観察者は，施設職員役を観察して気づいたこと（具体的な発言や表情，態度など）を記載する。

■ 発　　表

- 記載した内容を発表し合う。
- 役割を交代して，ロールプレイ→発表を繰り返す。できるだけ全員が施設職員役を体験できるようにする。

第13章 里親委託児童の支援

1. 里親委託児童の養育

(1) 里親委託の特徴

1) 家庭養護優先原則

2011（平成23）年の厚生労働省「里親委託ガイドライン」で里親委託優先原則が示され，同年の「社会的養護の課題と将来像の実現に向けて」で，施設・グループホーム・里親およびファミリーホームへの委託をそれぞれ3分の1ずつとする目標が掲げられるなど，近年，里親委託の推進が図られてきた。

第1章でも述べられているとおり，2016（平成28）年に改正された児童福祉法では，第3条の2が新設され，「国及び地方公共団体は，児童が家庭において心身ともに健やかに養育されるよう，児童の保護者を支援しなければならない」と家庭での養育を第一義とした（以下傍線すべて筆者）。ただし，同条で「児童を家庭において養育することが困難であり又は適当でない場合にあつては児童が家庭における養育環境と同様の養育環境において継続的に養育されるよう」必要な措置を講じなければならないとしている。

厚生労働省雇用均等・児童家庭局長の通知（以下通知），「児童福祉法等の一部を改正する法律の公布について」（雇児発0603第1号，平成28年6月3日）では，この条文について，家庭を「児童の成長・発達にとって最も自然な環境」とし，「同様の養育環境」を「養子縁組家庭，里親家庭，ファミリーホーム（小規模住居型児童養育事業）」と規定している。つまり，家庭での養育が困難な子どもには，養子縁組や里親委託を施設養育に優先させることが明記されたのである。

第3条の2は，続いて，「児童を家庭及び当該養育環境において養育することが適当でない場合にあつては児童ができる限り良好な家庭的環境において養育されるよう，必要な措置を講じなければならない」とする。通知は，「良好な家庭的環境」を「小規模で家庭に近い環境（小規模グループケアやグループホーム等）」としている。つまり，養子縁組や里親委託が不調あるいは適当でない場合のみに小規模な施設への入所を行うとしているのである。

2) 里親の種類

里親には，「養育里親」「養子縁組を希望する里親」「親族里親」の3種類があり，「養育里親」には「専門里親」が含まれるため，4類型となる。表13-1には，それぞれの登録里親数，委託里親数，委託児童数を示している。

表 13-1	類型別登録里親数，委託里親数，委託児童数		
	登録里親数	委託里親数	委託児童数
養育里親	9,592 世帯	3,326 世帯	4,134 人
専門里親	702 世帯	196 世帯	221 人
養子縁組里親	3,781 世帯	299 世帯	299 人
親族里親	560 世帯	543 世帯	770 人

（出典）厚生労働省：社会的養護の現状について（福祉行政報告例より），2018

養育里親は，要保護児童を養育することを希望し，都道府県知事が行う研修（基礎研修・実習・認定前研修・認定前実習など合計6日程度）を修め，里親として都道府県知事が認めた者である。委託人数は4人までで，5年ごとに更新研修がある。

2002（平成14）年に創設された専門里親は，児童虐待等の行為により心身に有害な影響を受けた子どもや非行問題，障害のある子どもを専門に養育する里親で，原則養育期間は2年間としている。3年以上の養育里親の経験などを有し専門里親研修を修了した者であり，2年ごとの修了認定を受けなければならない。また，委託人数も2人までで，子どもの養育に専念できる者でなければならない。

親族里親も，2002（平成14）年に新設された里親で，子どもの扶養義務のある親族[*1]が，子どもの両親などが死亡や行方不明など養育が期待できない状況にある場合に養育を行う。2011（平成23）年の東日本大震災発生後には，同年9月1日に児童福祉法施行規則を改正し，おじ・おばを「養育里親」として認定し，里親手当を支給できるようにした。

2008（平成20）年には，養子縁組との混同や里親が養子縁組を希望するのではないかという不安を払拭し，養育里親への委託を推進するため，養子縁組を希望する里親を養育里親から分離した。養子縁組里親が委託できる子どもは原則として1名であるため，委託里親数と委託児童数がほぼ同数である。

また，多くの自治体では，専門里親や新生児の委託など子どもに長時間の継続した養育が必要である場合を除いて就業が認められており，2018（平成30）年現在，委託を受けている里親（4,291世帯）のうち，「共働き」が1,770世帯（41.2％），夫婦で「一方が働いている」が1,679世帯（39.1％），ひとり親世帯で「働いている」が359世帯（8.4％）と多くが里親手当以外の収入を得ている[1)]。

＊1　児童の扶養義務のある親族
　①直系血族と兄弟姉妹，②特別の事情があるときに家庭裁判所による審判を受けた3親等以内の親族。

（2）里親養育の実際

1）里子の特徴

里親家庭に措置される子ども（以下，里子）の措置時の年齢は0〜4歳が全体の50％ほどを占めるものの，それ以外の各年齢は5％前後であり，偏りはみられない。

委託理由も，保護者のない子どもや，被虐待児，養子縁組を検討する子どもや，家庭復帰の見込みが薄く長期間の養育を必要とする子ども，保護者の傷病などで短

期間の養育を必要とする子どもなどさまざまである。

　里親委託は，新生児委託など生後すぐの委託を除いて，中途養育となる。そのため，里子は，例えば虐待を受ける環境から安心・安全な環境へと移ることで，養育者との関係や許容範囲などを確かめるいわゆる「試し行動」や，「赤ちゃん返り」（退行）を示すことがある。これは，乳幼児期だけに限らず，中高生でも起こりうる。そこで，「積み残しの挽回*2」となるような1対1のかかわりが必要となる。

　また，障害等のある子どもの割合も増加しており，2013（平成25）年の調査では，里子のうち20.6％に障害等ありとされている[2]。

2）日常生活支援

　里親は，社会的養護を必要とする子どものために，養育者の家庭に迎え入れて養育する「家庭養護」であり，里親のためのものではない。もちろん，里親養育を通じて豊かな人生を送りたいという思いは，否定されるものではない。実子の有無，不妊治療の経験の有無など，里親それぞれに背景があり，求めているものも違う。しかし，里親は，児童福祉法に規定された社会的養護の担い手であり，社会的な責任に基づいて養育を委託されているのであり，里親自身の養育観のみで日常生活を支援してはならない。児童相談所などの公的機関との連携や，2012（平成24）年に制定された「里親及びファミリーホーム養育指針」（以下，指針）などに基づいた養育が必要である。この社会的な養護の担い手という側面と，実子を含めた家族全体で行う私的な養育という両側面を併せ持つことが特徴である。里親が直面する問題は，ほとんどがこの両側面のせめぎ合いから生まれるといってもよい。

　マッチング*3を経て，里子が里親委託されてくると，先述したように，しばらくすると「試し行動」や「赤ちゃん返り」が見られることもある。その際，里親がこうした行動を否定せず受け入れることは必要不可欠であるが，試し行動とは里親の愛情や養育能力を里子が意図的に試しているのではなく，里親家庭という新しい環境に自らの居場所があるかを探る里子の無意識の探索行動だととらえるべきであろう。そのため，愛情を与えれば試し行動は収まる，というものではない。愛着が形成されている実親子間でも問題行動は起こりうるし，愛着が形成されれば問題行動が解決するという見方は，里親養育の本質を見失うことにつながりかねない。

　また，実子の養育経験が，対応に苦慮するときの役に立つこともあれば，そうでないこともある。そのときは，速やかに他者に協力を求めることが大切である。これまでの養育方法ではうまくいかない，ということは往々にして起こりうるが，里親自身が抱え込んでしまうと，「里親不調*4」になりかねない。このことは，小規模施設でも起こるため，社会的養護全体の「措置不調*5」にもつながる。そこで，同年代の子どもとのふれあいや，里親自身が冷静に養育を振り返る機会として，児童相談所と相談のうえ，保育所や幼稚園などの活用を積極的に行うべきである。

　里親養育が一般家庭の養育と違うのは「真実告知」である。真実告知は，単に「本当の親は別にいる」や「里親とは血のつながりがない」ことを告げるのではなく，「こ

*2　積み残しの挽回
　幼いときにやっておくべきことがなされていない場合，施設や里親が生活，心理，医療，教育などと共同して，施設内や家庭内に意図的にやり直せる場面をつくり出すこと。

*3　マッチング
　里親家庭の選定をいう。子どもと里親の交流や関係調整を十分に行った上で委託するかどうか判断する。年齢，里親経験，障害対応や保護者への対応が可能かなどで判断する。

*4　里親不調
　第1章，p.14参照。

*5　措置不調
　第1章，p.15参照。

れからもあなたと家族であることに変わりはない」ということを伝えることが大切
である。真実告知のタイミングは，里子の成長に合わせて適切な時期を選ぶことが
望ましい。また，真実告知は一度で終わるものではなく，「お母さん（里親）が僕
を産んだんだよね？」や「私はどうやってこのうちに来たの？」などと繰り返し聞
かれる里子からの問いに応じなければならない。ごまかしたり先延ばしにしたりす
るのではなく，愛情を伝える機会として簡潔に行うほうがよい。真実告知を題材と
した絵本や書籍もあり，参考にすることができる。10歳代後半で入所施設から里
親に措置変更になったケースや，自らが児童相談所に相談し里親委託になったケー
スもあり，自分が里子であると理解している場合も，真実告知という形ではなくて
も，実親や将来のことについて話すことは有益である。

　指針には，その他に，衣食住などの安定した日常生活，子どもの選択の尊重，健
康管理と事故発生時の対応，教育の保障と社会性の獲得支援，行動上の問題につい
ての理解と対応，進路選択の支援，委託の解除，解除後の交流が里親の提供する養
育であるとしている。

2. 実家族との交流

（1）実家族との交流の現状

　児童養護施設や乳児院の児童で「実親との交流なし」は全体の20％以下である
のに対し，里親委託児では72.4％となっている（表13-2）。月1回以上帰省してい
る子ども（113人）は，全体（4,534人）の2.5％にすぎない。「帰省」「面会」「電話・
手紙」による交流の頻度では，全ての種別で「年2～11回」が最も多かったが，里
親家庭では，「年2～11回」の「面会」が最も多い結果となっている。

（2）実家族との交流の課題

　里親にとっては，里子と実親の面会は，里子が家庭復帰を望んで養育が難しくな
るのではないかと不安になることもあるが，里子にとって実親は，自身を確認する
アイデンティティの原点である。そのため，実親の否定につながるような言動は，
里子の否定ともなるため控えるべきである。

　また，児童相談所を通さずに里子の一時帰宅を申し入れてきたり，半ば強制引き
取りのように連れ帰ったりするなど，必ずしも里子・里親・実親の利益にならない
交流もあり，実家族との交流は慎重に行うべきである。

　実親の離婚・再婚あるいは妊娠・出産，転居などで家庭環境が変化することもあ
る。その場合，里子は自らの帰る場所を失うような感覚を持って不安定になること
もある。一時帰宅や家庭復帰などについて，時間をかけて慎重に行ってきたことが
やり直しになるなど，実親の行動や態度に対し，否定的な感情を持つこともある。

表13-2	家族（実親）との交流頻度別児童数					
	総数	交流あり　数（%）			交流なし数（%）	不詳数（%）
		帰省	面会	電話・手紙		
里親委託児	4,534	336（7.4）	655（14.4）	241（5.3）		
月1回以上	内訳	113（33.6）	104（15.9）	36（14.9）	3,284（72.4）	18（0.4）
年2～11回		190（56.5）	391（59.7）	130（53.9）		
年1回ぐらい		33（9.8）	158（24.1）	74（30.7）		
不詳		0	2（0.3）	1（0.4）		
養護施設児	29,979	13,772（45.9）	6,935（23.1）	3,864（12.9）		
月1回以上	内訳	3,160（22.9）	1,404（20.2）	912（23.6）	5,396（18.0）	12（0.0）
年2～11回		9,906（71.9）	4,717（68.0）	2,382（61.6）		
年1回ぐらい		689（5.0）	807（11.6）	562（14.5）		
不詳		17（0.1）	7（0.1）	8（0.2）		
乳児院児	3,147	588（18.7）	1,704（54.1）	244（7.8）		
月1回以上	内訳	418（71.1）	881（51.7）	105（43.0）	610（19.4）	1（0.0）
年2～11回		160（27.2）	732（43.0）	118（48.4）		
年1回ぐらい		9（1.5）	90（5.3）	21（8.6）		
不詳		1（0.2）	1（0.1）	0		

（資料）厚生労働省：児童養護施設入所児童等調査結果（平成25年2月1日現在），2015より作成

実親と里親との関係悪化によって，里子が不安定になり，体調等を崩すことがないよう，交流における里子の状態には気を配らなければならない。

また，一時帰宅や面会によって虐待が再発しないように，交流のタイミングや回数などについては，児童相談所と綿密に計画したうえで，里子の意見をふまえて決定するべきである。危険なかかわりや，一時帰宅中にネグレクトを受けるなどの事態が発生した場合の対応も明確化しておくことが重要である。

実親との交流は，日頃からの里子のかかわりや実親との関係が順調で，実親の生活状況の安定などがあれば，マイナスばかりではなく，里子の養育に積極的な役割を果たす。しかし，一見順調に見えていても，里子や里親が我慢し続けているような場合には不調であり，問題が表面化してくる。

一方，養育が不調に見えて里親が悩んでいても，里子は親子関係を築きたいと苦慮している場合もある。その場合は分離せず，適切な支援をするほうがよい。見た目にも実情も不調であれば，マッチングのミスとして分離したほうがよい場合もある（図13－1）。実親とのかかわりは，避けるにしろ避けられないにしろ，里子の養育に大きな影響を与えるのである。

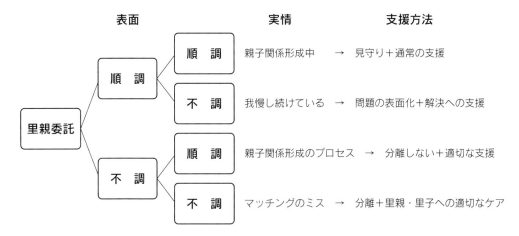

図 13-1 里親委託の状況とその実態および支援方法

（出典）森和子：「養育の不調をどう捉えるか−研究者／支援者の立場から」『里親と子ども』vol.6, 明石書店, 2011, p.12

3. 養子縁組制度

（1）普通養子縁組

　普通養子縁組は，養親と養子の契約で成立する，いわば成人向けの制度であり，特別養子縁組制度（後述）が成立するまでは，わが国唯一の養子縁組制度であった。戦後の民法改正によって，未成年者を養子とする場合には，原則として家庭裁判所の許可を必要とすることになったが，「自己又は配偶者の直系卑属」（一般的にいう「連れ子」）を養子にする場合は許可が必要のない例外規定となっている。しかし，例えば，連れ子に暴力を振るっている男性が養子縁組し親子になった場合には親権者となり，しつけと主張する可能性もあり，子どもの福祉の観点からは問題である。表 13 − 3 に普通養子縁組の概要を示している。

（2）特別養子縁組

　特別養子縁組は，1987（昭和62）年の民法改正により新設された養子縁組制度であり，家庭裁判所の審判によって成立する。家庭復帰の見込みのない子どもに，新しい家庭を提供するという子どもの福祉を目的とした制度である。そのため，養子と実親との法的関係は終了し，戸籍には養親の名前のみ記載される（表 13 − 4）。

　特別養子縁組制度は，毎年 300 件前後で推移していたものが，2013（平成25）年を境に増加し始め，2018（平成30）年は 624 件と，8 年前の約 2 倍となった（表 13 − 5）。

　特別養子縁組の申立を行うためには，養子となるものを 6 か月間以上養育していなければならない。そのために，児童相談所を通じて養子縁組里親の申し込みを行い，認定を受けて候補となる里子の養育を行うのが通常である。しかし，養子が社

表 13-3	普通養子縁組制度の概要
養親となるための資格	成人であること。配偶者のある者が，未成年の子どもを縁組する場合は，夫婦で縁組をしなければならない。
養子となる者	0 歳～成人。但し未成年者を縁組する場合は家裁の許可が必要。
縁組の成立要件	年長者と尊属は養子とすることができない。
同意の必要性	15 歳未満の縁組には法定代理人*6 の同意が必要。法定代理人でない父母で，子どもを監護している場合は，その者の同意が必要。
縁組の成立	裁判所の許可書を添えて，戸籍係への届け出により成立。養親と養子の同意。
実親との関係	実親・その血族との親族関係も存続（相続・扶養義務）。
戸籍上の表記	実親と養親の両方の名前が連記され，子は「養子」「養女」と書かれる。身分事項欄の「見出し」には「養子縁組」と記載される。
離縁	養親と養子（15 歳未満の場合は，離縁後法定代理人になる者）との協議により成立。養子は，離縁によって縁組前の姓に復する。

*6　法定代理人
　通常は親権者（父母）。父母が死亡や行方不明の場合には，祖父母や叔父・叔母などが家庭裁判所に申請して後見人となって法定代理人となる。または，児童相談所長，児童福祉施設長，担当保育士などでも可能。

(出典) 家庭養護促進協会大阪事務所編／岩崎美枝子監修：子どもの養子縁組ガイドブック，明石書店，2013，pp.124-125

表 13-4	特別養子縁組制度の概要
養親となるための資格	法律婚の夫婦で，25 歳以上であること。但し片方が 25 歳の場合，もう片方は 20 歳以上であること。
養子となる者	申立時，15 歳未満。但し 15 歳前から同居している場合，あるいはやむを得ない事由により申立てできなかった場合は，15 歳以上でも申立てられる。
縁組の成立要件	父母による監護が著しく困難または不適当であることなど，要保護要件が必要。6 ヶ月以上の試験養育期間が必要。
同意の必要性	父・母の（法的な親子関係が終了することになる）同意が必要。父母が行方不明や父母による虐待，悪意の遺棄，その他養子となる者の利益を著しく害する事由がある場合は裁判官の判断による。
縁組の成立	審判の確定により成立（即時抗告を認める）。但し 10 日以内に届け出なければならない。
実親との関係	実親・その血族との法的親族関係が終了。養親とのみ法的親子関係が発生。
戸籍上の表記	養親だけが父・母としてその名が記載される。子は，嫡出子と同様に，「長男」「長女」と記載される。身分事項欄の「見出し」には「民法 817 条の 2*7」と記載される。
離縁	養親からの離縁の申立はできない。養親から養子に対して虐待・悪意の遺棄などがあり，加えて実親が養育できる状態にあるとき，養子・実親・検察官から離縁の申立ができる。特別養子縁組によって終了した親族関係が復活する。

*7　民法 817 条の 2
　特別養子縁組を定めた条文。戸籍上特別養子縁組であることを示すのは，この付記のみである。

(出典) 家庭養護促進協会大阪事務所編／岩崎美枝子監修：子どもの養子縁組ガイドブック，明石書店，2013，pp.124-125 を改変

表 13-5	年度別特別養子縁組成立件数								
年度	2010	2011	2012	2013	2014	2015	2016	2017	2018
成立数	325	374	339	474	513	542	495	616	624

(出典) 法務省：司法統計「第 3 表家事審判事件の受理，既済，未済手続別事件別件数」，2010 ～ 2018

会的に自立するまで養育を保障するために，ガイドラインには，「養子里親の年齢は，子どもが成人したときに概ね65歳以下となるような年齢が望ましい」とあり，養子との年齢差を45歳程度としている自治体が多い。けれども，不妊治療などを諦めて特別養子縁組を希望する場合，45歳を超えている場合も多く，新生児や1・2歳児の縁組は難しいのが現状である。

そのため，児童相談所を経由せず，民間のNPO団体などを通じて子どもの斡旋を受け，半年後に特別養子縁組を申し立てる場合もある。ただし，高額の実費や寄付金を養親が負担している団体もあり，公平さや安全性が問われている。

そこで，2018（平成30）年4月に施行された「民間あっせん機関による養子縁組のあっせんに係る児童の保護等に関する法律」（通称：養子縁組あっせん法）では，これまでの届出制から許可制へと改め，都道府県が，民間あっせん機関を監督し，不適切な事業を行う場合には業務改善命令や許可の取り消し等を行うこととした。また，無許可で事業を行った者についての罰則も設けられた。

また，諸外国では養子の年齢が18歳未満であるのに対して，わが国では6歳未満と際立って低いため，必要な子どもに特別養子縁組の機会がない。さらに，特別養子縁組の申し立ては，養親候補者が行うが，審理の対象は，①実親による養育が著しく困難または不適当であること等，②実親の同意（審判確定まで撤回可能）の有無等，③養親子のマッチングであり，②の実親が同意を撤回するかもしれない不安の中で，実親と対立しながら，①の実親の養育が不適切であることを養親が主張・立証しなければならず，強い不安の中で③の試験養育をしなければならない。

そこで，2019（令和元）年，民法が改正され，特別養子縁組の養子の年齢が，6歳未満から15歳未満へと引き上げられた。さらに，家事事件手続法も改正され，前述の①②の手続きと③の手続きが別のものとして2段階審理となった（同時審理も可能）。児童福祉法も改正され，児童相談所長が第1段階の申し立てを行うことが可能となり，実親が申し立てした場合にも参加人として主張・立証することも可能となった。実親は，第1段階の審理で養子縁組に同意すると，2週間を経過したのちは同意を撤回することができず，第2段階の審理に関与することもできない。この法改正は，2020（令和2）年6月までに施行されることとなっており，ようやく養親の権利や子どもの福祉の観点から，特別養子縁組制度が実施されることになった。

■引用文献■
1）厚生労働省子ども家庭局家庭福祉課：里親制度（資料集），2019
2）厚生労働省雇用均等・児童家庭局：児童養護施設入所児童等調査，2015

演習⓭　委託の背景が異なる３人の里子の養育への支援

　Ｔさん（９歳・女子）は，７年前，乳児院から養育里親のＷさん（53歳・男性）の家庭に里親委託された。０歳で乳児院に入所して以来，実親との交流はない。３年後，Ｕさん（６歳・女子）が実親家庭からＷさんに里親委託された。Ｕさんは，実父（35歳）との面会を続けているが，最近途絶えがちである。ある日，Ｕさんは，Ｗさんに生活態度を注意されたことに腹を立て，「お父さんのところに行ってくる！」と叫んで家を出て行ってしまった。Ｔさんは，「Ｕには会いに行ける親がいるからいいね」と言い，ＷさんはＴさんの持つ感情にハッとさせられた。Ｕさんはすぐに戻ってきた。

　そして，Ｗさんは，新たに児童養護施設で暮らすＶくん（５歳・男子）の週末里親を始めた。月に一度，車で片道１時間半の道のりをかけて迎えに行き，翌日再び送っていくのである。初めての男の子を迎えて，Ｗさんは念願のキャッチボールができると楽しみにしていたが，Ｖくんはキャッチボールには関心を示さず，家の中でアニメ番組を一日中見ていた。すると，Ｕさんは，急にＷさんに甘えるようなそぶりを見せたり，Ｖくんの見ているアニメの DVD を取り上げたりするなど嫌がらせを始め，最後には大泣きしてしまった。

支援の視点

① 　実親との交流がない Ｔ さんの心情とはどのようなものであるか。

② 　Ｕさんは，実父と養父の Ｗ さんにどのような感情を持っているのであろうか。

③ 　Ｖくんが Ｗ さんの家庭になじむためには，どのような取り組みが必要か。

考　　察

　里親委託児が複数同居する場合，性別・年齢・委託理由・委託期間・実親との交流等の違いによって，里子はさまざまな行動を示す。里親家庭に実子がいる場合もある。それぞれの子どもが持つ感情に留意した，個別性のあるかかわりが求められよう。

　また，里親によっては，２～３年のうちに 10 人以上の里子を養育するなど比較的短期の里子を養育したり，年齢の離れた新規の里子を養育したりする場合もある。そのとき，家族内における役割の変化に適応できる子どももいれば，適応できずに退行現象を示したりする子どももいるが，それはごく当然の反応である。

　また，週末里親等は，家庭的な雰囲気を知ることができ，里子が自由に過ごせる空間を提供することができるが，生活の中心は施設であるため，施設での生活習慣をそのまま持って里親家庭に委託されることを理解しておく必要がある。

演習

① できるだけ４人のグループをつくる。

② Ｂ４判またはＡ３判の用紙を配付する。

③ 次の三つのテーマについて，各10分程度でそれぞれ意見を出し合う。

- Ｔさんが「Ｕには会いに行ける親がいるからいいね」と言ったときの心情やこれまでＴさんが抱えてきた感情にはどのようなものがあるか。

- Ｕさんが養父と実父に対して持っている感情にはどのようなものがあり，Ｖくんに示した行動にはどのような原因があるか。

- Ｖくんが，施設とＷさんの家庭との生活の違いについて，どのような点に不安を感じるか，またＷさんはＶくんにどのように接すればいいか。

④ ４人はそれぞれ，Ｔさん，Ｕさん，Ｖくん，Ｗさんのうちのどれか一人を選び，ロールプレイを行う。各グループの人数が４人にならない場合は，Ｗさんの配偶者Ｘさんを設定するなど臨機応変に対応する。

　ロールプレイの際，③の話し合いを参考にして，それぞれの立場から自由に意見を出し，どのように声かけするか実践する。

⑤ 参考になった声かけについては，記録に残す。

演習のねらい

　委託の背景も年齢も状況も違う子どもが，一つの家庭でともに暮らしているということが理解できるように，それぞれの立場からしてほしいことを自由に述べるほうがよい。

　キーパーソンは里親のＷさんである。③の話し合いのときに，Ｗさんの養育観についてしっかりとまとめておくと，ロールプレイがよいものとなる。

　④のロールプレイは，５分程度が予測されるため，状況に応じて役割を替えてもよい。

　里親養育の実体験を記したものには良著が多いが，『ケンちゃん友ちゃん遊ぼうよ―里子と心紡ぐスローライフ』（大森健太郎，原人舎，2007）や『本気で叱って抱きしめて―60人の子どもを育てた里親夫婦』（奥本千絵，日本放送出版協会，2003）などはその代表であるので参考文献として紹介することで学びを深めることができるだろう。

コラム　　　　　　　　　3歳の子が握った手

　筆者の大学時代の友人に，Mという男性がいます。彼は，明るく社交性にあふれ，クラスの中でも笑いの中心にいるような人物で，思ったことははっきり言う情熱的な一面ももっていました。Mは3年生の時，社会福祉士の受験資格取得のために児童養護施設で初めての実習に臨みました。そこで彼は，とっても「やりがいがある」けれど，とっても「やりにくい」仕事だと痛感したと言うのです。こんなに大変な仕事が，自分にできるだろうかと自問自答するうちに，徐々に一般企業での就職を考えるようになってきました。そんな思いのまま，最後の実習が迫ってきたそうです。

　Mは，「こんな気持ちのままでは，実習を辞退した方がよいのではないか」と悩みました。しかし，実習を辞退すれば多くの人に迷惑をかけてしまいます。それに，社会福祉士の受験資格だけでも持っておくのは悪くないのではないかと思い，実習に行くことを決めたそうです。

　Mは，決して前向きな気持ちで臨んだのではなかったけれど，実習先で一人の女の子と出会って人生を大きく変えられたと話してくれました。その女の子は3歳で，今まさに虐待されているところを救い出され，Mの実習先である児童相談所に一時保護されてきました。身体的虐待を受けていることは明らかで，Mは，一晩の間，女の子の添い寝をしたそうです。

　翌日，面接場所まで移動する車の後部座席に並んで座ったMの右手の小指を，女の子は，その小さな左手でギュッと握っていたそうです。その手は震えていました。その時，彼は「ああ，児童養護施設って，こういう子がいるところなんだ」と思ったというのです。

　それまで彼は，社会福祉施設を「やりがい」や「やりやすさ」という自分が働く場として見ていました。けれど，初めて「こんな辛い思いをした子どもが生活する場なんだ」と，子ども一人ひとりの入所の背景に思いを馳せて考えてみました。すると，自分にも何か役に立てることがあるのでないか，と思えてきたというのです。いったんそう思うと，どこの施設がいいとかではない，どんな施設でもかまわないはずだ，と心が燃えてきたというのです。これは，実習しなければわからないことです。彼が，女の子の震える手から気持ちを受け取ったのです。

　Mは現在，障害者支援施設の施設長として，毎日，文字通り，利用者の支援のために奮闘しています。本書を読んでいる学生の皆さんにも，「子どもとかかわる道に進もう」と思えるような出会いが実習先で待っていることを，心より祈っています。

索　引

【編　者】

安藤　和彦　　ユマニテク短期大学　教授

石田　慎二　　帝塚山大学教育学部　教授

山川　宏和　　京都華頂大学現代家政学部　准教授

【執筆者】（執筆順）

石田　慎二　　帝塚山大学教育学部　教授
　　　　　　　　　　　　　　　　　　　　　　（序章・第 2 章・第 12 章）

阪野　　学　　大阪成蹊短期大学　准教授
　　　　　　　　　　　　　　　　　　　　　　（第 1 章・第 5 章 1.）

髙市勢津子　　大阪キリスト教短期大学　教授
　　　　　　　　　　　　　　　　　　　　　　（第 3 章）

山川　宏和　　京都華頂大学現代家政学部　准教授
　　　　　　　　　　　　　（第 4 章・第 8 章・第 13 章・コラム）

細井　宏俊　　社会福祉法人大照学園　理事長
　　　　　　　　　　　　　　　　　　　　　　（第 5 章 2.）

藪　　一裕　　大阪総合保育大学児童保育学部　専任講師
　　　　　　　　　　　　　　　　　　　　　　（第 6 章・第 9 章）

尾﨑　剛志　　湊川短期大学　教授
　　　　　　　　　　　　　　　　　　　　　　（第 7 章）

箱田　成司　　NPO 法人真成会　理事長
　　　　　　　　　　　　　　　　　　　　　　（第 8 章）

河野　清志　　大阪大谷大学教育学部　准教授
　　　　　　　　　　　　　　　　　　　　　　（第 10 章・第 11 章）

社会的養護演習

2020 年（令和 2 年）2 月 5 日　初 版 発 行

	安 藤 和 彦
編　　者	石 田 慎 二
	山 川 宏 和
発 行 者	筑 紫 和 男
発 行 所	株式会社 建 帛 社 KENPAKUSHA

〒 112-0011　東京都文京区千石 4 丁目 2 番 15 号

TEL　　(03) 3 9 4 4 - 2 6 1 1
FAX　　(03) 3 9 4 6 - 4 3 7 7
https://www.kenpakusha.co.jp/

ISBN978-4-7679-5123-2　C3037
©安藤，石田，山川ほか，2020.
（定価はカバーに表示してあります）

教文堂／常川製本
Printed in Japan